# Pourquoi ?

## DU MÊME AUTEUR

*Noonoah, le petit phoque blanc* (avec Daniel Dollfuss), éditions Grasset Jeunesse, 1978.
*Initiales B.B.*, éditions Grasset, 1996.
*Le Carré de Pluton*, éditions Grasset, 1999.
*Un cri dans le silence*, éditions du Rocher, 2003.

*Mai 1973 – Sarlat. Sur le tournage de mon dernier film avec mon bébé Pichnou.*

Brigitte Bardot

# Pourquoi ?

ÉDITIONS DU ROCHER

*J'ai donné ma jeunesse et ma beauté aux hommes.*
*Maintenant, je donne ma sagesse et mon expérience,*
*le meilleur de moi-même aux animaux.*

Brigitte Bardot (le 17 juin 1987)

ISBN 2 268 05914 6

*La grandeur d'une nation et ses progrès moraux
peuvent être jugés par la manière
dont elle traite ses animaux.*

Le Mahatma GANDHI (1869-1948)


*Tant qu'il y aura des abattoirs,
il y aura des champs de bataille.*

Léon TOLSTOÏ (1828-1910)


*À tous les protecteurs,
à tous ceux qui, dans le monde entier,
consacrent leur existence
à améliorer le sort des animaux,
au péril, parfois, de leur propre vie.*

*À tous les adhérents de ma Fondation,
qui m'aident et me font confiance,
et sans qui je ne serais jamais parvenue là où j'en suis.*

Brigitte BARDOT

*Ces photos ont été prises à la fin des années 80, par Gérard Schachmès, mon photographe, pour assurer la promotion de mon action. Elles ont fait le tour du monde !*

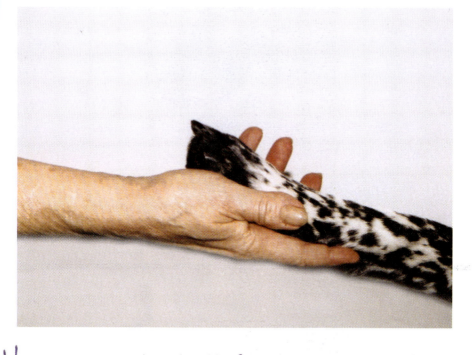

l'amour à l'état pur
la fidelité à la vie à la mort
voila ce qui me lie à eux! —
TSR. Ritte

*Avec Clown, mon adorable cocker offert par mon mari Vadim.*

*Sur les tournages de mes films, j'ai toujours été attentive au sort réservé aux animaux.
(À gauche : sur le port de Saint-Tropez, pour* Et Dieu créa la Femme).

*Quel beau symbole !
La dernière image de
mon dernier film
(Colinot Trousse-Chemise),
en 1973,
avec une colombe sur
la main. Le trait d'union
entre deux destins
si différents.*

# La plus belle réussite de ma vie

Il était une fois…

Tout commence comme un conte de fées, mais hélas, la dure réalité de la vie aura vite le dessus sur les rêves !

Un jour, donc, il y a déjà bien longtemps, je décidai, en plein tournage de mon dernier film, *Colinot Trousse-Chemise*, réalisé par Nina Companeez, d'en terminer avec le cinéma !

Pourquoi une telle décision, qui laissa « sur le cul » toute l'équipe, mon imprésario (Olga Horstig) et les quelques journalistes présents, ce jour-là, à Sarlat, magnifique bourgade du Périgord où se déroulait l'action du film ?

Parce que je me vis dans un miroir avec mes costumes moyenâgeux, que je me trouvai ridicule, que je trouvai grotesque toute cette mise en scène et, surtout, que parmi les figurants j'avais remarqué une vieille fermière accompagnée de sa chèvre bêlante, attachée à un piquet. J'appris, tout en caressant cette petite biquette, que la paysanne l'avait prévue comme « méchoui » au repas de communion de son petit-fils ! Les festivités auraient lieu dans trois jours et il fallait que le film se termine au plus tôt afin qu'on puisse abattre la condamnée en temps et en heure. Stupéfaite et épouvantée, je l'achetai sur-le-champ et rentrai avec « ma » chèvre et ma petite chienne, Pichnou (nouvellement adoptée), à l'hôtel « 4 étoiles » dans lequel la production me logeait.

Ce fut un branle-bas de combat !

Ma chèvre, que j'avais prénommée Colinette, Pichnou et moi dans un palace ! Nous dormions toutes les trois ensemble dans un grand lit rustique…

Un vrai scandale !

C'est ce jour-là, en mai 1973, que je pris la décision irrévocable de tout quitter pour consacrer ma vie, mon nom et ma fortune à la protection de tous les animaux du monde.

Je ne revins jamais sur ma décision.

Et pourtant ce fut dur – très dur.

On ne passe pas comme ça d'un statut de « star » à celui de protectrice des animaux. Tout le monde a d'abord cru à une lubie, à un ras-le-bol, à un énervement passager. Il me fallut une obstination et un courage chevillés au corps pour aller de l'avant dans cet univers inconnu. On me considéra comme une gentille cinglée, une star en mal de publicité, une capricieuse se croyant capable, du jour au lendemain, d'avoir la compétence nécessaire pour assurer une sérieuse prise en charge de responsabilités si énormes.

J'avais mon cœur pour tout bagage.

Aucune expérience.

Mais tout s'apprend et j'ai appris, jour après jour, me mettant au service de la SPA et de Pro-Anima (une association formidable qui lutte contre la vivisection) avec le Professeur Jean-Claude Nouet. J'allais dans tous les refuges possibles pour aider, enlever les crottes, caresser les chiens, encourager les adoptions ; moi-même, j'en prenais autant que faire se peut, je les mettais à Bazoches, ma propriété dans les Yvelines, avec les chats que je sortais de l'enfer. Je sauvai un mouton, Nénette, de l'abattoir. Je découvrais, les larmes aux yeux, que les animaux enduraient des martyres ignorés de tous. J'accueillis Cornichon, un petit âne destiné à finir en saucisson (quelle horreur !), qui allait vivre heureux vingt ans à mes côtés.

Bazoches devint ainsi une arche de Noé où s'entassaient tous les malheureux sauvés de la mort.

J'acceptais, avec appréhension, les invitations sur des plateaux de télévision lorsqu'il s'agissait de défendre les animaux ou de dénoncer des maltraitances (*Aujourd'hui Madame, Les Dossiers de l'écran, Au pied du mur, Les Uns et les Autres*, avec Patrick Sabatier, *Entre chien et loup*, avec Allain Bougrain-Dubourg, etc. [1]).

---

1. Les principales émissions de télévision de Brigitte Bardot figurent dans les annexes à la fin de ce livre.

Mais là s'arrêtait mon pouvoir.
Et c'était peu !

Je décidai donc de créer une « fondation », qui concrétiserait enfin sérieusement mon désir profond d'être reconnue comme responsable de la sauvegarde des animaux dans mon pays.

N'y comprenant rien, étant parfaitement incompétente dans le domaine administratif, je fis appel à ceux qui m'entouraient : mes amis, ma mère, Michèle ma secrétaire de toujours, et Philippe Cottereau, le bras droit de Paul-Émile Victor [1]. Comme je n'avais pas de locaux, ce dernier me concéda généreusement une pièce dans ses bureaux, à Saint-Cloud. En 1976, ma collaboratrice y installa « ma » Fondation.

Mais malgré tous les chèques qui arrivaient en force, prouvant que le public me faisait confiance, nous nous retrouvâmes très vite en… faillite !

Après enquête, je m'aperçus avec amertume que nos gains servaient à éponger les différentes lacunes de gestion de Paul-Émile Victor : ses notes de téléphone, ses frais de sécurité sociale impayés, de secrétariat, etc. Et cerise sur le gâteau, Philippe Cottereau avait acheté des sculptures animalières en fil de fer absolument affreuses, sur le compte de « ma » Fondation, qu'il comptait exposer le jour de l'inauguration de celle-ci au Pré Catelan. Tout cela avait déjà englouti une petite fortune, j'étais furieuse. Je fis une crise de nerfs.

Je décidai de tout arrêter.

Je remboursai de ma poche tous les chèques déjà encaissés à ceux qui avaient cru en moi : cela me coûta très cher…

Mais l'honnêteté est la pire de mes qualités.

J'envoyai promener toute cette mascarade de fondation qui fut rapidement dissoute et je me retrouvai face à un liquidateur judiciaire ! C'en était trop pour moi. Je ne savais plus à quel

---

1. Explorateur français qui a dirigé de nombreuses expéditions au Groenland, en Laponie et en terre Adélie (1907-1995).

saint me vouer et je pris la décision de continuer, seule, mon chemin si tumultueux.

C'est à ce moment-là, au premier trimestre 1977, que le massacre des bébés phoques fut révélé partout dans le monde, sur toutes les chaînes de télévision.

Horrifiée par les images, je pleurais, je n'en pouvais plus.

Mais que faire ?

On me parla d'un certain Franz Weber, un écologiste suisse. Je lui écrivis que j'étais à sa disposition. Il vint me voir à Bazoches et nous décidâmes d'aller ensemble sur la banquise, de convoquer la presse internationale à nos frais (ce qui me coûta encore très cher...) afin de dénoncer officiellement l'atroce carnage.

Ce fut mon premier combat, le plus médiatisé, le plus pénible ; je faillis même y laisser ma vie mais l'impact fut planétaire et positif. Dès mon retour, Valéry Giscard d'Estaing, président de la République, fit interdire les importations de peau de phoque en France. La presse française m'accusa violemment de me servir du sang des phoques pour redorer mon image de star... mais seul le résultat comptait pour moi.

Puis, ce fut le début de mes visites aux différents ministres de l'époque pour plaider (en vain...) une amélioration du sort des animaux. Escortée par des pointures de la défense animale, Bruno Laure (président de la LAF-DAM [1]), le Professeur Nouet (déjà cité), Allain Bougrain-Dubourg, Liliane Sujansky (directrice de la SPA), j'étais reçue, entendue, les promesses (non tenues) me laissaient de l'espoir... À chaque changement de gouvernement, nous repartions, avec nos bâtons de pèlerin, répétant inlassablement les mêmes choses, espérant entendre les mêmes promesses, malheureusement toujours non tenues...

C'était épuisant, démoralisant, usant, désespérant.

---

1. Ligue antivivisectionniste française – défense des animaux martyrs.

Je m'investissais corps et âme pour sauver, aider, améliorer les « refuges mouroirs » où j'ai vu tant de détresse animale, d'où je repartais en larmes, effondrée, me sentant lasse et inutile. Je ne comprenais pas pourquoi ces merveilleux amis de l'homme pouvaient être incarcérés dans de telles conditions d'insalubrité, dans une saleté incroyable, dans un univers si inhumain, dans le froid, l'humidité ou alors dans une chaleur insupportable, qui les laissait mourants sur le béton brûlant, envahis de mouches, avec une nourriture décomposée et de l'eau croupie.

Puis, avec le CHEM [1] et son merveilleux président, Roger Macchia, je découvris le sort abominable des chevaux envoyés à l'abattoir, les transports terrifiants entre la Pologne et la France. Ces pauvres bêtes arrivaient les yeux crevés, les pattes brisées, agonisants dans ces wagons de la mort, parfois héli-treuillés pour parvenir jusqu'aux couteaux des tueurs ; quelque-fois des femelles avaient eu des petits pendant le transport, ces pauvres poulains étaient piétinés, déshydratés, souvent morts à l'arrivée, poussés sans ménagement vers une fin indécente, une horreur sans nom.

Une de mes plus impressionnantes et épouvantables visions.

Il me fallait parfois une dose exceptionnelle de courage pour ne pas sombrer dans une dépression irréversible. J'étais au bout de moi-même, ne pouvant pas admettre une telle inhumanité de l'être humain.

En mars 1985, il y eut cette décision canadienne d'un mora-toire instituant qu'on ne tuerait plus de phoques pendant une dizaine d'années ! J'appris cette nouvelle à La Madrague, ne sachant plus si je devais rire ou pleurer. Poussé par une opinion publique mondiale indignée, le Canada fit enfin preuve d'une certaine humanité !

---

1. Centre d'hébergement des équidés martyrs.

Mars 1977 – Canada. Je me suis rendue pour la première fois sur la banquise pour dénoncer au monde entier le massacre des bébés phoques. Le président de la République, Valéry Giscard d'Estaing, interdira l'importation de peau de phoque en France.

Mars 1977 – À mon retour du Canada, j'avais été très affectée par les critiques virulentes de certains journalistes français. Mais j'ai reçu plus de 10 000 lettres de soutien. Mon appel avait été entendu...

À Bazoches, je redeviens ce que j'ai toujours été : une femme simple et naturelle qui s'occupe de ses animaux. Cette propriété fut mon havre de paix durant de nombreuses années.

Le jour de Pâques de cette même année, je découvris dans la presse que l'on me remettait la Légion d'honneur ! Quel œuf ! Je ne suis jamais allée la recevoir officiellement, mais le fait est là...

En 1986, avec Gloria, une de mes amies, et un avocat de Saint-Tropez, nous décidâmes de recréer une nouvelle « fondation ». Chat échaudé craignant l'eau froide, je pris tous les renseignements nécessaires afin de ne pas réitérer les mêmes erreurs que par le passé. J'ai commencé modestement : mon bureau était installé dans une des chambres d'amis à La Madrague, avec une secrétaire, un téléphone et un Minitel. J'ai pris des conseils avisés auprès de Charles Pasqua, alors ministre de l'Intérieur. Il m'expliqua que « fondation » et « association » avaient les mêmes statuts mais que pour obtenir la dénomination de « fondation », il fallait un capital minimum de trois millions de francs.

Et moi, je voulais une « fondation » !

Mais je n'avais pas une telle somme, ayant dépensé une bonne partie de la fortune accumulée au temps de ma gloire de « star » et n'ayant plus aucune rentrée d'argent. Je pris la décision de vendre aux enchères, le 17 juin 1987, à la Maison de la chimie, à Paris tout ce que je possédais de valeur. Je fis appel à Maître Maurice Rheims pour établir un inventaire. Tout y passa : ma première guitare, les prestigieux bijoux que Gunter Sachs (play-boy allemand et milliardaire que j'avais épousé le 14 juillet 1966) m'offrit au temps de notre union, mes costumes de films, mes tableaux, ma belle robe de mariée avec Roger Vadim, des meubles, des bibelots, de l'argenterie, etc. Ce fut une razzia menée par Maître Tajan qui mit même aux enchères son marteau. Cette vente historique me rapporta les trois millions nécessaires pour installer définitivement les bases inébranlables de ma Fondation.

Tout juste avant cela, j'avais eu l'idée d'aller vendre au marché de Saint-Tropez tout ce qui pouvait me rapporter un peu d'argent pour que ma toute nouvelle Fondation puisse survivre. Du mois d'avril au mois de juin 1987, j'allais déballer, deux fois par semaine, les mardis et les samedis matin, sur le marché de la place des Lices. J'étais d'attaque dès 6 heures 30 le matin et je m'esquivais vers 11 heures, lorsque le gros des touristes ne faisaient que des photos de moi en vendeuse romanichelle ! Des paniers pleins de jupons, de jupes, des « portemanteaux perroquets » avec mes chapeaux, mes châles. Une table recouverte de dentelle présentait mes lunettes de soleil, des photos que je dédicaçais la veille au soir, des bracelets et des colliers rapportés du Brésil et du Mexique. Bref ! Tout un tas de bricoles qui vidèrent mes placards mais remplirent provisoirement le compte en banque de ma Fondation.

Liliane Sujansky, qui venait de quitter la SPA, fut pour moi une alliée extraordinaire. Elle devint ma première directrice et me permit de déménager sur Paris, durant l'été 1988, dans de tous petits bureaux au 4, rue Franklin, dans le XVIᵉ arrondissement.

Notre première action fut de racheter plus d'une centaine d'animaux horriblement maltraités du zoo de Vendeuil, dans l'Aisne. Ces animaux n'étaient plus nourris, vivaient dans le froid, il gelait en ce mois de novembre 1988, singes, loups, panthères, lions, etc., tous amaigris, épuisés, grelottants, que nous avons fait accueillir rapidement dans des parcs ou d'autres zoos mieux aménagés, notamment chez Christian Huchédé, au « Refuge de l'Arche [1] » (Mayenne).

Avec Liliane, nous avons fait énormément de sauvetages. Ainsi celui du mouroir d'Amiens, que nous avons vidé un soir de Noël, sauvant d'une mort certaine une soixantaine de chiens non alimentés qui s'entre-dévoraient, et une vingtaine de chats condamnés par le coryza.

Ce fut un cauchemar mais une victoire… amère !

Ça y est, ma Fondation est installée, avec armes et bagages à Paris, épaulée par nos premiers 2 000 adhérents, mais inconnue au bataillon médiatique. Lors d'un dîner avec Jean-Louis Remilleux et Roland Coutas (deux amis journalistes), alors que j'étais un

---

1. Route de Ménil-Saint-Fort, 53200 Château-Gontier.

peu fatiguée par tout ce chamboulement dont ils furent les insti-
gateurs et surtout les solides appuis qui me permirent d'entreprendre toute cette aventure, ils me parlèrent d'un projet TV sur
les animaux dont je devrais être la présentatrice et même assurer
les commentaires en voix off. L'idée de renouer avec la caméra
alors que je la fuyais depuis tant d'années me fit mal. J'avais
abandonné le cinéma entre autres, pour qu'on ne me voie pas
vieillir ; quinze ans plus tard, allais-je pouvoir dénoncer dans
ces émissions toutes les horreurs que les animaux endurent ?

Ces reportages devaient être sans concession aucune…

Ils le furent pendant trois ans ; chaque *S.O.S.* [1] montrait,
avec des images insoutenables, tous les calvaires et les atrocités que l'être humain fait subir, un peu partout dans le
monde, aux animaux sans que personne (ou si peu…) s'en
soucie.

Ces émissions chocs furent un extraordinaire tremplin pour
ma Fondation débutante. Elles battirent des records d'audience
et de connexions Minitel. Ce fut un succès sans précédent pour
ce type d'émission animalière. Merci à Jean-Louis, qui est
devenu, depuis, un des plus grands producteurs de télévision
privée, tandis que la Fondation, gravissant plusieurs paliers, est
aujourd'hui au sommet grâce à la confiance que le public du
monde entier m'accorde.

Ma Fondation, c'est la réussite inespérée de ma vie, le but
enfin atteint que je m'étais fixé.

Un autre événement majeur de ces débuts hésitants fut la
création d'un week-end annuel d'adoption des chiens et des
chats, qui se déroula pour la première fois à l'hippodrome de
Vincennes en 1989. Cette manifestation indispensable sera
reconduite d'année en année mais dans des lieux différents et en
partenariat avec la SPA. Jacques Chirac, alors maire de Paris,
nous fera quelquefois l'honneur de sa présence.

---

1. La liste des émissions *S.O.S.* figure dans les annexes à la fin de ce livre.

Avant de vous laisser parcourir le récit détaillé de mes autres années de combat, je dois absolument vous raconter l'extraordinaire sauvetage, début 1991, de 80 loups de Hongrie condamnés à être transformés en fourrures ou naturalisés pour le Muséum de Budapest. C'est le maire, débordé par cet arrivage de loups dans sa ville et surtout hostile au sort qui leur était réservé, qui appela au secours ma toute jeune Fondation.

Aussitôt Liliane Sujansky engagea les moyens nécessaires à leur sauvetage.

Il fallut recruter une équipe de choc, affréter des camions avec des installations légales pour le transport d'animaux sauvages, obtenir les autorisations des ministères de l'Environnement de tous les pays traversés (dont l'Autriche), les accords des services vétérinaires internationaux et surtout trouver un endroit susceptible d'accueillir ces pauvres loups, en semi-liberté. Certes, ils ne sortiraient jamais plus de là mais au moins ils pourraient se refaire un semblant de vie sauvage.

Et surtout ils resteraient vivants !

C'est Gérard Ménatory qui mit une partie de son parc du Gévaudan (Lozère) à leur disposition avec l'obligation, pour nous, de financer les clôtures nécessaires.

Liliane fut d'un courage extrême.

Elle fit partie du convoi, surveilla tout malgré des conditions climatiques très rigoureuses. Ils mirent trois jours et trois nuits à revenir en France.

Le 2 mars 1991, je décidai de les rejoindre en Lozère.

Le matin de mon départ, le téléphone sonna : Europe 1 m'annonça la mort de Serge Gainsbourg ! Ce fut un choc énorme. Je pleurais, je pleurais à n'en plus pouvoir mais il fallait y aller, vaille que vaille. L'avion privé, seul moyen de transport pour arriver jusqu'à ce point de chute si sauvage et si éloigné de toute grande ville, m'attendait déjà avec Patrick Mahé et Jean-Claude Sauer, envoyés par *Paris Match* afin de couvrir l'événement. Seul Frank, mon secrétaire qui est un peu mon fils adoptif, comprenait mon immense chagrin...

Sur place l'effervescence était à son comble.

Il faisait un froid de loup (c'est le cas de le dire !), il y avait de la neige et un monde fou. En attendant l'arrivée du convoi, Gérard Ménatory me fit pénétrer dans l'enclos où vivaient cinq louves assez sauvages. Il me laissa seule au milieu de ces femelles curieuses qui me reniflaient, allant jusqu'à fouiner mon chignon et à tirer mes cheveux qui devaient leur paraître un pelage inhabituel.

J'en garde un souvenir inoubliable, extraordinaire.

Je fus « louve » l'espace d'un instant.

Et puis ces pauvres bêtes arrivèrent : fatiguées, apeurées, maigrichonnes, le poil ras et terne, le museau bas et la queue entre les cuisses sous le ventre.

J'eus le privilège de les accueillir à genou, les loups se méfiant de la stature de l'homme debout. Ils me passèrent un à un devant le nez, méfiants, terrorisés, humant tant bien que mal l'odeur d'une liberté retrouvée. Je pleurais, à la fois de bonheur et de douleur, d'émotion et de joie.

Aujourd'hui ces loups, devenus magnifiques, se sont parfaitement intégrés à leur nouvel environnement, ils ont faits plein de petits. Je les ai revus : je n'en croyais pas mes yeux.

C'est une des plus belles réussites de ma Fondation.

Merci à tous ceux qui y ont participé.


En décembre 1991, j'ai décidé de donner La Madrague, ma propriété de Saint-Tropez, à ma Fondation afin de réunir le capital nécessaire pour obtenir la reconnaissance d'utilité publique indispensable et continuer avec efficacité mon combat. Ce qui fut annoncé par un décret paru au *Journal Officiel* le 21 février 1992. Ce qui signifiait non seulement la consécration « officielle » de mon engagement mais surtout la possibilité d'agir et d'attaquer en justice. Et aussi d'être autorisée à accepter les dons et les legs, ce qui est vital car sans une trésorerie importante on ne peut mener aucune action concrète.

Les suites de toutes ces aventures si difficiles, de toutes ces luttes quotidiennes, je vous invite à les vivre, trimestre par trimestre, avec moi, grâce aux éditos que j'ai écrits (à partir d'avril 1992) pour le magazine de la Fondation, *L'Info-Journal* ; ces billets d'humeur, de détresse, d'espoirs maintes fois déçus, ces appels à l'aide, ces suppliques, ces hymnes à la vie et au respect sont autant de preuves de mon amour indéfectible pour tous les animaux du monde !

*3 octobre 1987 – En direct du refuge SPA de Gennevilliers, je tente de faire adopter des chats et des chiens lors de l'émission d'Allain Bougrain-Dubourg* Entre chien et loup *(A2).*

*Je tenais à aménager moi-même ma première Fondation – 4, rue Franklin (Paris XVIᵉ). Je voulais créer une ambiance familiale afin que mes collaborateurs soient à l'aise pour travailler.*

Non, ce n'est pas le festival de Cannes mais l'arrivée à l'hippodrome de Vincennes, en octobre 1989, pour la première Fête du monde animal organisée par ma Fondation (en collaboration avec la Mairie de Paris). Je suis accompagnée par Claude Chirac, Liliane Sujansky et Frank.

8 août 1990 – Devant l'ambassade du Japon à Paris. J'ai déposé des milliers de pétitions demandant le rapatriement de Chloé, une femelle chimpanzé échangée par la France contre dix macaques destinés au zoo de Vincennes. À la suite de la mort de Doudou, son compagnon, elle se laissait dépérir...

3 mars 1991 – Parc du Gévaudan. J'étais allée accueillir 80 loups de Hongrie que ma Fondation avait achetés et rapatriés afin de leur éviter d'être transformés en fourrure ! Une rencontre gravée à jamais dans ma mémoire.

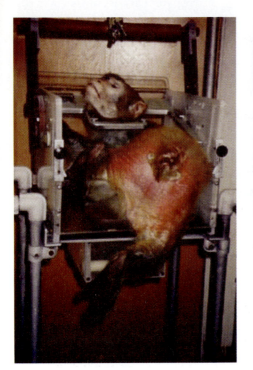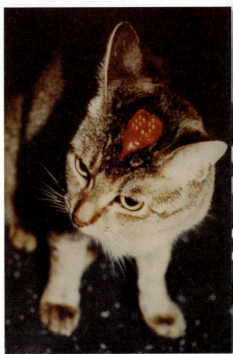

*Trois millions d'animaux sont encore sacrifiés chaque année dans les laboratoires en France. Une honte ! Il existe pourtant des méthodes substitutives...*

*15 avril 1992 – Conférence à Bruxelles destinée à interpeller les autorités espagnoles à propos des scandaleuses « fêtes » cruelles qui se déroulent dans ce pays : 2 000 fiestas annuelles où les animaux sont tués pour le seul plaisir de foules en liesse !*

# Le courage de tout dire

J'aurais aimé ouvrir ce premier journal en formulant de chaleureux remerciements à M. Hubert Curien, ministre de la Recherche et de la Technologie.

Mais devant la « minceur » des résultats obtenus concernant l'expérimentation animale et les dix mesures ordonnées par le gouvernement, je ne peux manifester que scepticisme et incrédulité.

Quelle remarquable stratégie à la veille du procès d'Agen [1] ; on anesthésie l'opinion publique en faisant la publicité pour un produit « falsifié » résultant d'inévitables « tests sur les animaux ». En effet, les mesures prises quant à l'expérimentation ne concernent qu'une minorité d'animaux sacrifiés, ceux destinés au secteur public (Inserm [2], CNRS [3], CEA [4] et Inra [5]). La souffrance des animaux du secteur privé (laboratoires de cosmétiques, de produits pharmaceutiques et laboratoires industriels divers) n'est, pour le moment, pas prise en considération. Malgré mes déceptions, j'ai le sentiment que nous avons fait un pas en avant.

Réglementer les abus de l'expérimentation animale, c'est admettre leur existence totalement niée jusqu'à présent. Notre (votre !) mobilisation n'est pas étrangère à ce résultat.

Si l'on veut nous faire croire qu'à présent certaines lois seront appliquées généreusement, sachons rester vigilants et prêts à réagir. Nous ne saurons nous contenter de vœux pieux concernant un quart des animaux « expérimentés », nous voulons des certitudes pour la totalité.

---

1. Retentissant procès contre un trafic d'animaux qui a été raconté en détail dans le deuxième tome des mémoires de Brigitte Bardot, *Le Carré de Pluton* (Grasset, 1999).
2. Institut national de la santé et de la recherche médicale.
3. Centre national de la recherche scientifique.
4. Centre de l'énergie atomique.
5. Institut national de la recherche agronomique.

Toute amélioration n'allant pas dans le sens de la disparition progressive de l'expérimentation animale est une fausse amélioration.

« Les scientifiques n'ont rien à cacher », d'après M. Hubert Curien. Aussi pour prouver la transparence de sa politique, un comité de réflexion et de contrôle pourra (à titre exceptionnel) effectuer des visites inopinées dans les laboratoires. Retenons que ce comité d'éthique de chercheurs, fait par des chercheurs, pour des chercheurs, ne pourra qu'exceptionnellement pénétrer dans ses propres locaux de façon imprévue !

Vont-ils devoir, eux aussi, former des commandos ?

Ne rêvons pas : les inculpés du groupe Greystoke ayant été impitoyablement sanctionnés pour avoir délivré, dans la nuit du 31 mars 1985, une vingtaine de babouins du CNRS de Gif-sur-Yvette, il semblerait plus judicieux de s'orienter vers le noble métier patenté de trafiquants pourvoyeurs de laboratoires qui ont bénéficié, eux, d'une parfaite impunité due à un vice de procédure.

Décidément, la vertu n'est plus ce qu'elle était !

On nous informe de la création d'une Commission nationale de l'expérimentation animale ; j'ai en mémoire la phrase de Clemenceau s'exprimant en ces termes :

*Lorsque l'on veut enterrer un problème,*
*on crée une Commission !*

J'ai le sentiment que les mesures actuelles (misérables miettes accordées aux défenseurs des animaux) pourraient un jour constituer une part importante visant à satisfaire le nombre toujours croissant de protecteurs.

Pour cela, j'ai besoin de vous.

Je consacre (et consacrerai) ma vie à défendre la dernière des minorités : ces êtres fragiles et sans défense que sont les animaux. Sans vous mes pouvoirs sont limités, le courage de dire

les choses doit se perpétuer à travers vous. Parler courageuse-
ment de ses convictions face à un entourage indifférent, signer
des pétitions, se rendre aux appels lancés par les associations,
cela constitue (et constituera) des moyens de pression indispensables à l'amélioration réelle de la condition animale.

*La première manifestation importante à laquelle ma « jeune » Fondation participa à Paris, en juin 1990. La banderole est tenue par Frank et François.*

*Avril 1991 – Saint-Jean-les-Amognes (Nièvre). Je me suis rendue en urgence au secours de cette vieille dame. Elle gérait un refuge de plus de 200 chiens... qui était menacé de fermeture.*

*Illustration de Vigdis incitant le public à partir en vacances avec ses animaux. Moi, je ne me séparais jamais de mes chiens pour aller à Bazoches chaque été.*

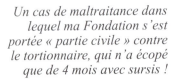

*Un cas de maltraitance dans lequel ma Fondation s'est portée « partie civile » contre le tortionnaire, qui n'a écopé que de 4 mois avec sursis !*

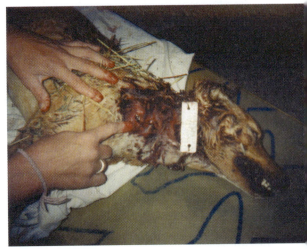

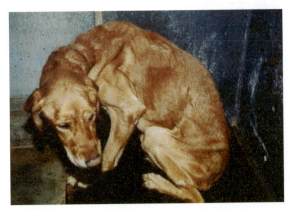

*Abandonner son chien avant les vacances est un acte odieux. Le pauvre animal finira dans un refuge et sera peut-être euthanasié s'il est trop vieux ou malade...*

# La France part en vacances

Avant de vous souhaiter un repos bien mérité, permettez-moi de vous rappeler que cette période joyeuse pour les humains est encore trop souvent synonyme de profonde détresse pour un grand nombre d'animaux devenus trop encombrants lors des grandes migrations estivales.

Chiens et chats sont lâchement abandonnés ; voués ensuite, pour la plupart, à une mort certaine.

Le problème grave de la surpopulation canine est dû à une reproduction incontrôlée, mais aussi au côté mercantile de certains élevages d'animaux de race, qui n'hésitent pas à faire reproduire les femelles jusqu'à épuisement dans le seul but de les rentabiliser ; sans compter le scandaleux trafic de chiots passant frauduleusement les frontières dans des conditions hallucinantes. Cela engendre une désespérante quantité d'animaux qui, adoptés encore bébés par des amateurs d'objets-gadgets vivants, seront, quelques mois plus tard, jugés indésirables et abandonnés.

Il faut savoir que les refuges éclatent, regorgent d'animaux perdus, laissés pour compte. Que l'on enregistre encore, lors de ces étés meurtriers, de nombreuses victimes éjectées volontairement des voitures, bâillonnées, attachées, noyées ou abattues à bout portant. Quant aux autres, tout simplement abandonnés par leurs « valeureux maîtres », ils tomberont sous le coup de l'article 213 du code rural [1]. Ces mêmes maîtres, qui à la rentrée, victimes eux aussi de leur indéniable sensibilité, n'hésiteront pas à reprendre un chiot pour le plaisir des enfants !

Faut-il rendre publique l'effroyable euthanasie à la chaîne des

---

1. Cet article stipule que « tout animal non tatoué trouvé sur la voie publique sera mis à mort dans les quatre jours si son propriétaire ne l'a pas réclamé. Si l'animal est tatoué (ou possède un moyen d'identification) le délai est porté à huit jours ».

animaux perdus pour que cesse ce scandale, lamentable conséquence de l'inconscience humaine ?

Quant aux chats, leur sort est identique, mais, après de longues
tractations, des accords ayant été obtenus avec une majorité de
municipalités, nous essayons de remplacer petit à petit les décha-
tisations (véritables génocides sans distinction de tout ce qui
miaule) par un laborieux recensement des populations félines qui
seront stérilisées, puis remises sur le terrain. Outre l'aspect financier très lourd de ces opérations, l'investissement et l'énergie mis
au service de la sauvegarde des chats sont considérables.

Leur vie ne sera pas pour autant protégée.

En France, capturés par des sociétés professionnelles « au-
dessus de tout soupçon », ils seront exterminés collectivement
par dizaines voire par centaines.

Empoisonnés par les uns, ils mourront dans d'atroces souffrances. Emmurés vivants par d'autres, ils trouveront une mort
lente dans les caves ou des vides sanitaires leur servant de
refuge. Certains seront piégés pour leur fourrure (eh oui…).


Aussi soyons lucides et conduisons-nous en humains responsables.

Nul n'est mis devant l'obligation de prendre un animal.

Nous savons apprécier dans certains cas la sagesse de l'abs-
tention.

À ceux et à celles qui n'ont pas eu cette « sagesse » et qui
peuvent encore penser qu'un chat laissé dehors saura toujours se
débrouiller, qu'un chien ni trop vieux ni trop laid trouvera facilement de nouveaux maîtres, à ceux-là je conseillerais d'avoir le
courage de regarder, une seule fois, la cruauté de leur acte en
face, en se rendant dans les refuges surpeuplés d'animaux
beaux, jeunes et intelligents.

Sachons protéger la vie de ceux qui nous ont confié innocem-
ment la leur.

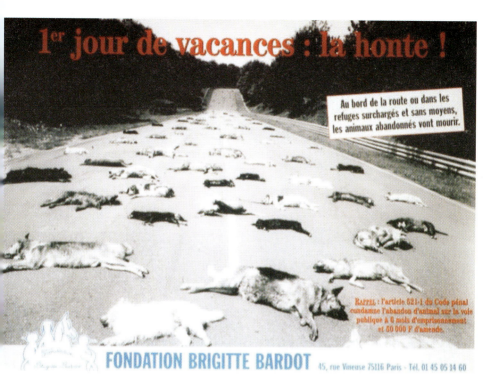

En 2005, il y a eu encore plus de 100 000 chiens abandonnés en France. Quand cela cessera-t-il ?

À Bazoches, ma propriété près de Paris, je me baladais souvent avec ma meute de chiens. Ils me suivaient partout, fidèles et protecteurs.

# Halte aux abus scandaleux de la chasse !

*Quel carnage !*
*Traqué jusqu'à l'épuisement puis sauvagement abattu près d'une habitation par des chasseurs.*
*Un assassinat légalisé !*
*À vomir...*

*Octobre 1992, sur le plateau de l'émission* Spéciale La Chasse. *Avec la première équipe de ma Fondation. Notamment ma directrice, Liliane Sujansky, mon secrétaire, Frank Guillou, et Christophe Marie présents tous les deux depuis le début et toujours à mes côtés actuellement. À droite, M. Pierre Pfeffer, grand protecteur de la nature.*

# Un État dans l'État

*Ceux qui ne sont pas écœurés*
*par ce qui est écœurant*
*sont encore plus écœurants*
*que ce qui ne les écœure pas…*

Cette citation illustre tristement une justice arbitraire se protégeant souvent derrière le paravent d'une injustice légalisée qui masque le crime.

La chasse : un meurtre légal et traditionnel, protégé, encouragé par bon nombre de ceux qui nous gouvernent, eux-mêmes chasseurs. Les lois ne sont pas appliquées, pour exemple la chasse aux tourterelles dans le Médoc, formellement interdite par des législations française et européenne, se perpétue malgré les révoltes et les dénonciations d'associations de protection animale et écologique.

Par contre la loi Verdeille, honteuse et contestée par tous, est, elle, mise en application, notamment en ce qui concerne le droit de passage et de chasse dans les propriétés privées.

Un million huit cent mille chasseurs sévissent en France ; ils représentent incontestablement une force électorale que l'on ménage…

Un État dans l'État !

Une société économique organisée, légalisée, à l'image d'un monde de plus en plus barbare et lâche. La chasse à courre en est l'un des exemples les plus indignes, les plus cruels, les plus révoltants. S'attaquer ouvertement à cette « institution » relève de la plus grande témérité.

Ainsi l'exemplaire mésaventure du Docteur Alain Bombard [1], alors ministre de l'Environnement, qui souhaitant faire passer un décret sur la chasse à courre, dut, sous la pression du gouvernement, lui-même sous la pression des maîtres de la finance, remettre sa démission. Ajoutons à cela l'hypocrisie de l'Église catholique, qui a l'audace de bénir les meutes et les équipages au nom de la Saint-Hubert. Je rappelle que ce dernier, qui fut évêque de Maastricht et mourut en l'an 727, après avoir été un redoutable chasseur, s'amenda un vendredi saint lorsqu'un cerf lui apparut orné d'une croix de feu entre ses ramures. Il prit subitement conscience que les animaux sauvages appartenaient également à la création de Dieu.

À compter de ce jour, il ne chassa jamais plus.

La chasse représente l'horreur fondamentale du droit de la force sur la faiblesse, de la suprématie des armes sur le silence. Prôner le non-racisme quand il s'agit des êtres humains et le nier quand il s'agit des animaux est une erreur. On ne peut dissocier l'ensemble des êtres vivants sur cette planète, qui contribuent à l'équilibre de l'environnement.

La vie est la Vie : on la respecte.

Des règles, des lois nationales, communautaires, mondiales doivent être édictées avec le souci de rendre chacun pleinement conscient et responsable.

Théodore Monod [2] a écrit :

*Blesser, piéger, fusiller, détruire un être vivant*
*(sauf pour abréger une agonie),*

---

1. Médecin et biologiste français (1924-2005) qui traversa l'Atlantique en solitaire en 1952.
2. Écologiste, pacifiste et humaniste (1902-2000), président du ROC (Rassemblement des opposants à la chasse).

*c'est enfreindre une règle suprême,*
*commettre un crime de lèse-majesté,*
*bafouer un droit :*
*celui de l'armée muette et pitoyable,*
*livrée au bon plaisir de nos orgueils triomphalistes,*
*de nos appétits, de nos sensibilités.*

Que pourrais-je ajouter de plus ?

*Novembre 1992 – Château de Saint-Amé (près de Ramatuelle).*
*À quelques kilomètres de chez moi, j'avais découvert un véritable*
*charnier, une odeur de putréfaction. Des dizaines d'animaux abandonnés*
*par un éleveur infâme. J'étais écœurée.*

# TRANSPORTS DES ANIMAUX DE BOUCHERIE :
# HALTE A LA CRUAUTE !

Chaque année, des millions d'animaux de boucherie – porcins, ovins, bovins et équidés – subissent l'enfer des longs transports : camions surchargés, mal ventilés, sans nourriture ni eau. **La plupart meurent étouffés, déshydratés, écrasés sous le poids d'autres bêtes épuisées.**

De plus, ces transports d'animaux vivants sont un facteur de propagation de maladies, telle la fièvre aphteuse.

**Plus d'une centaine de parlementaires français
soutiennent notre action pour améliorer les conditions
de transport des animaux de boucherie.**

TRANSPORT
DES ANIMAUX DE BOUCHERIE :
8 HEURES MAXIMUM !

*Plus de huit heures de transport et voilà le résultat. Scandaleux !*

# Les transports de la honte

À ceux qui sempiternellement me reprochent d'aimer les animaux au détriment des hommes, je réponds : « Avez-vous regardé l'émission sur TF1, le 18 novembre 1992 à 13 heures 30, qui dénonçait les insoutenables conditions dans lesquelles ce malheureux bétail, ces pitoyables animaux de boucherie sont traités au cours de leur tragique dernier voyage ? »

À quoi assistions-nous ce jour-là ?

À un atroce sacrifice rituel pratiqué par quelques peuplades arriérées et barbares ? Non, tout simplement à une scène quotidienne scandaleusement banalisée à l'intérieur de notre « douce France », en 1992 !

Et nous nous prétendons « civilisés », nous nous prétendons « humains », nous nous targuons de vivre dans une société évoluée où l'homme tout-puissant fait valoir ses « droits » ? Avant le droit, il y a le devoir, et le devoir primordial d'un être humain est de se comporter comme tel en combattant le sadisme et la cruauté qu'il porte en lui.

Ne pas exploiter la souffrance devrait être le devoir élémentaire d'un être dit « évolué ». Veiller scrupuleusement à la supprimer pour ces bêtes angoissées, déjà considérées comme une matière consommable que l'on tue pour se nourrir, devrait être prioritaire. Les images insoutenables de ces animaux brisés, mutilés, torturés par des hommes dont l'indifférence fait d'eux des bourreaux sont cruellement révélatrices d'une société de consommation ayant perdu le sens de « l'Essentiel » : la dignité.

Nous sommes devenus des monstres d'insensibilité, des névrosés du rendement.

Aucun animal sauvage, aucune peuplade primitive ne se conduit d'une manière aussi dégradante.

On juge aussi un pays à la façon dont il traite ses animaux.

Les réactions du public ont été nombreuses et révoltées.

Nous attendons toujours celles de notre ministre de l'Agriculture, très expert… dans la pratique de la langue de bois !

Si l'homme est carnivore, qu'il ait au moins la dignité de ne pas infliger une mort indécente et douloureuse à ses victimes. En semant la peur, la souffrance, en perpétuant savamment le supplice des élevages en batterie, en exploitant la chair, la meurtrissure, en ayant droit de vie et de mort, nous sommes devenus des industriels de la destruction massive.

Trouvera-t-on un jour le remède qui guérira l'homme de l'indifférence, cette gangrène qui pourrit le cœur et décompose l'âme ?

Je vous encourage à réagir massivement et fermement contre ces abus intolérables. Et pourquoi ne pas devenir, comme moi, végétarien ?

Comme le disait Marguerite Yourcenar :
*Je ne veux pas digérer l'agonie.*

*Marguerite Yourcenar, de son vrai nom Marguerite de Crayencour (1903-1987). Femme de lettres franco-américaine qui se déplaça pour me rencontrer, un soir, à La Madrague, sous une pluie battante, juste après avoir été élue à l'Académie française (en 1980). Ce fut le début d'une amitié très forte entretenue par de nombreuses correspondances.*

*20 mars 1993 – Marseille. Manifestation en faveur du refuge Saint-Roch, menacé de fermeture en raison du passage d'une bretelle autoroutière. Avec les manifestants, nous avons obtenu de la municipalité un nouveau terrain pour abriter quelque 50 chiens.*

*Le Révérend Père Roger Pestre (fondateur du refuge en 1984) m'accueille à mon arrivée à la manifestation.*

Arrêtez d'acheter un chien de race parce qu'il est « à la mode » ; il vous sera vendu la peau du cul avec un pedigree ronflant. Allez chercher votre compagnon dans un refuge ! Il vous attend avec amour.

Le buste de Marianne créé à mon effigie par Aslan – ici à l'entrée de ma Fondation – est un perchoir formidable pour Sophia, petite rescapée de Bulgarie. Clin d'œil entre deux époques qui se côtoient.

# Condamnés à mort

La surpopulation canine et tous les désastres qu'elle entraîne dépasse en France, les limites du supportable. La surproduction, fruit d'une irresponsabilité chez les uns et d'un intérêt financier chez les autres, condamne irrémédiablement les animaux à mort.

Il faut donc essayer, par tous les moyens, d'endiguer cette reproduction incontrôlée, synonyme de douleur, d'abandon, de détresse et d'euthanasies massives.

J'ai proposé, dans une charte en 15 points remise à tous les maires de France, de prélever une taxe sur toutes les nouvelles naissances provenant soit d'élevages, soit de particuliers, afin de pousser à la réflexion ceux qui inconsidérément épuisent les femelles de race par des mises bas répétitives et lucratives. Taxe pénalisant également tous ceux qui, par négligence ou par mièvrerie, laissent reproduire leurs chiennes, pour ensuite distribuer les bébés comme des gadgets, ou tenter de s'en débarrasser à grand renfort de petites annonces.

Lorsque l'animal grandit, devient encombrant, que la « peluche » s'avère être un bâtard sans intérêt, que les vacances approchent, que les voisins rouspètent parce qu'il aboie, on s'en débarrasse. Qu'importe, on en reprendra un autre à la rentrée...

Voilà ce qu'il faut éviter, parce que le chien qui a été abandonné et qui croupit dans un refuge, ou qui erre lamentablement sur une route est, à plus ou moins brève échéance, condamné à mort.

Par milliers en France ils hurlent leur détresse derrière des barreaux dans l'attente d'une éventuelle adoption.

Par milliers ils sont euthanasiés chaque semaine, exécutés pour cause d'abandon !

Par milliers ils sont vendus aux laboratoires pour être torturés au nom de la recherche médicale par le truchement d'un inlassable et odieux trafic.

Certains seront exploités par des clochards ou des gitans.

Malgré toute cette pitoyable hécatombe, le gouvernement français continue d'autoriser les importations de chiots de race en provenance des pays étrangers, notamment, depuis peu, des pays de l'Est, via la Belgique ou les Pays-Bas. C'est honteux ! Les animaleries regorgent d'animaux malades, affaiblis, mourants, mais ce scandaleux trafic est lucratif.

Aidez-moi à faire cesser cet enfer, ne vous révoltez pas contre cette taxe qui évitera les reproductions intensives et ne touchera ni les personnes âgées ni les économiquement faibles. Cette taxe sera employée à venir en aide aux refuges les plus défavorisés, à ceux qui ne faisant pas office de fourrière ne reçoivent aucune subvention des communes. Croyez-moi, il vaut mieux moins d'animaux, mais des animaux heureux !

*Mon ami Jacques Godefroy m'envoie régulièrement de magnifiques dessins qui illustrent toute la complicité qui m'unit aux animaux.*

*À chacune de mes visites dans les bureaux de ma Fondation à Paris, je découvre de nouveaux chiens et chats, en attente de placement ou adoptés par mes collaborateurs.*

*11 mai 1993 – Mairie-Expo. Entourée de Liliane et de Frank, nous posons fièrement entre ces 3 Mariannes « bleu-blanc-rouge » lors du congrès annuel des maires de France. J'avais profité de ma venue pour remettre à chacun des 36 664 maires une charte en 15 points (création d'aires de détente, aménagement de zones d'accueil dans les commissariats, interdiction d'animaux dans les foires, campagne de stérilisation des chats errants, etc.).*

**SA FONDATION CONNAIT DES DIFFICULTÉS FINANCIÈRES**

# B.B. : « Aidez-moi ! »

Celle qui se définit comme
« l'abbé Pierre des animaux »
réclame des subventions
et lance un appel
au public

*Brigitte Bardot*

## "J'AI BESOIN DE VOUS POUR CONTINUER !"

Au bout de sept
ans d'un travail
considérable,
la Fondation
Brigitte Bardot,
enfin reconnue
officiellement, a
besoin de l'aide
de tous pour
survivre. La star
nous raconte son
combat...

*1993 — Toute la presse française avait relayé gratuitement mon appel. Malgré le don de La Madrague à ma Fondation en 1991 puis la reconnaissance d'utilité publique (le 21 février 1992) qui nous avait permis d'accepter les legs, nous n'arrivions plus à faire face financièrement à toute la détresse animale dans le monde.*

*2 octobre 1993 — Fête du monde animal à l'hippodrome de Vincennes. Même en tailleur Sonia Rykiel et en talons hauts, rien ne m'empêche d'aller caresser mes compagnons préférés dans leurs cages ou sur le podium.*

# L'argent est le nerf de la guerre

Quelques changements sont intervenus au sein de ma Fondation. Pour de multiples raisons, notre directrice, Mme Liliane Sujansky, s'est trouvée dans l'obligation de passer ses pouvoirs et c'est dans des conditions difficiles que son successeur a repris la barre, car, comme tout le monde, nous subissons actuellement les retombées d'une crise économique très dure à traverser. Notre gestion a été menacée de déséquilibre par les dépenses très importantes investies dans les travaux de notre maison de retraite de La Mare Auzou, à Saint-Aubin-le-Guichard (Eure), où vieillissent heureux les 80 chiens et la centaine de chats des Mureaux [1]. Les rentrées d'argent se faisant rares ou inexistantes, c'est un appel urgent que je vous lance afin que tous les animaux perdus, abandonnés ou martyrisés, ne subissent pas le contrecoup de cette pénible situation.

J'ai toujours pu compter sur vous.

Vous pourrez toujours compter sur moi.

Je veux obtenir beaucoup plus. Je me bats, à tous les niveaux, contre l'inertie, l'indifférence, la bêtise, la cruauté humaines.

L'argent est le nerf de la guerre !

Il en faut beaucoup pour entreprendre une bataille…

Il en faut beaucoup pour arracher les animaux à la mort, à la maladie ; beaucoup pour aider les propriétaires qui ne peuvent assumer le tatouage, la vaccination, la stérilisation de leur animal ; beaucoup pour mener des enquêtes, traîner les coupables d'exactions devant les tribunaux. Il faut beaucoup d'argent et aussi beaucoup de courage pour affronter quotidiennement les abominations auxquelles nous devons faire face. Voilà, je vous ai tout dit.

J'ai un immense besoin d'aide.

Merci de tout mon cœur.

---

1. En janvier 1992, à la suite du décès de la responsable du refuge des Mureaux (Yvelines), la Fondation a pris en charge tous ses animaux. Elle a acquis, en décembre 1992, une propriété (La Mare Auzou) pour les accueillir.

# NE MANGEZ PAS DE CHEVAL !

Épuisés, blessés,
les chevaux sont abattus
sans ménagement !

Merci pour le soutien
indispensable que vous m'apportez
dans ce combat si difficile et
parfois décourageant.

# L'union fait la force

Tout d'abord, je vous remercie infiniment pour votre fidélité, votre confiance et votre générosité. En grande partie grâce à vos dons, la Fondation a repris un second souffle – mais plus nous recevons, plus nous donnons, alors nous avons sans cesse besoin d'argent... hélas !

Nos bureaux ont changé d'adresse.

Nous sommes maintenant au 45, rue Vineuse, dans des locaux spacieux et fonctionnels qui permettent à mon équipe de travailler dans des conditions plus performantes. C'est grâce à la Mairie de Paris, qui subventionne en grande partie notre nouveau loyer, qu'il nous a été permis de déménager.

Merci Jacques Chirac !

Depuis le début de l'année 1994 et par l'intermédiaire de *Sacrée Soirée* [1], j'ai entrepris un combat acharné contre la consommation de viande de cheval. Ce qui soulève une immense polémique et m'oppose à un adversaire puissant : le ministère de l'Agriculture lui-même. Dommage ! Mais avec votre appui, je me battrai sans relâche pour des raisons morales, éthiques et aussi de santé publique ; cette viande, pouvant être porteuse de trichine [2], est interdite dans les restaurants, les cantines, les universités, les écoles.

Nous tenons à votre disposition les preuves que la viande de cheval a provoqué des centaines d'empoisonnements allant jusqu'à la mort de dizaines de personnes, des années 1985 à 1993.

Nous continuons à nous battre contre l'industrie des fourrures.

---

1. Émission enregistrée depuis l'appartement parisien de Brigitte et diffusée le 26 janvier 1994 sur TF1.

2. Ver parasite qui peut provoquer une infection grave (la trichinose), caractérisée par une fièvre, de la diarrhée, des douleurs et des œdèmes.

Et aussi nous essayons de faire comprendre au public qu'il ne faut plus jamais faire se reproduire nos animaux domestiques, afin d'enrayer les reproductions massives incontrôlées, vectrices de tant d'abandons, de détresse, d'euthanasies, de trafics immondes, de vivisection, etc.

Faites stériliser les femelles et castrer les mâles.

Vous éviterez ainsi tant de désespérance !

N'oubliez pas le tatouage indispensable et la vaccination antirabique.

Nous nous battons aussi contre le scandaleux trafic d'animaux exotiques toléré par notre trop tolérant ministre de l'Environnement, M. Barnier.

Tous ces combats sont épuisants, politiques, diplomatiques, administratifs et désespérément stériles !

Mais l'union fait la force : avec vous je suis persuadée que nous y arriverons un jour.

*24 février 1994 – Inauguration des nouveaux bureaux de ma Fondation – 45, rue Vineuse (Paris XVIᵉ). Avec ma sœur, Mijanou, venue de Los Angeles où elle réside, ce fut l'occasion de retrouvailles chaleureuses.*

*L'entrée de ma « deuxième » Fondation au 45, rue Vineuse (Paris XVIᵉ).*

*Le hall d'accueil de ma nouvelle Fondation. Après le « ratacougnard » de la rue Franklin, enfin de l'espace pour embaucher plus d'employés et travailler dans de meilleures conditions.*

*Janvier 1994 – Chez moi, rue de la Tour, à Paris. Je me prépare à intervenir dans l'émission* Sacrée Soirée *pour supplier les Français de ne plus manger de viande de cheval !*

*Sacrifice rituel de moutons lors de l'Aïd-el-Kébir. Chaque année, ce jour-là est un jour de désespoir pour moi. Je n'aurai jamais assez de mots pour critiquer cette atroce tradition religieuse perpétuée sous les yeux des enfants. Quelle horreur !*

*1er mai 1994 – Une fois encore à l'appel de mon ami Allain Bougrain-Dubourg, je me suis rendue sur la dune de la pointe de Grave, dans le Médoc, pour dénoncer la chasse aux tourterelles – scandaleuse et hors-la-loi. Je suis accompagnée par mon mari, Bernard d'Ormale, et le préfet de police de la Gironde. Ce dernier avait pris des mesures draconiennes pour assurer ma sécurité face aux massacreurs !*

# Notre gouvernement baisse sa culotte

Parmi tant et tant de souffrances et de désespoir que nous essayons de combattre, il y a toujours l'inadmissible massacre de l'Aïd-el-Kébir, répugnant dans sa conception et son développement, protégé par nos ministres et qui, le jour de la sainte Pentecôte, a gorgé la terre du sang de milliers de moutons sacrifiés en pleine conscience, se voyant mourir les uns derrière les autres en pleine campagne, en pleine chaleur, alors que la loi française interdit formellement tout abattage hors des abattoirs.

Nous essayons d'arriver à un compromis entre l'horreur admise en France et les mesures plus humaines fondées sur l'électronarcose et acceptées par certaines communautés islamiques en Belgique, à l'abattoir de Gembloux.

Mais, une fois de plus, notre gouvernement est resté indifférent à nos réprobations et à nos écœurements, élections obligent...

De même, les chasseurs, cette poignée de lâches, ces hors-la-loi qui tuent les tourterelles dans le Médoc. Ces révoltés de la gâchette qui passent outre les lois française et européenne, et se permettent d'insulter grossièrement le préfet, Jacqueline Faucher (présidente de la SPA), Allain Bougrain-Dubourg et moi-même, faisant fi et rigolant des forces de gendarmerie qui nous protégeaient ce 1er mai 1994 [1], lors de notre circuit houleux, alors qu'il est précisé dans le code pénal que « nul n'est sensé ignorer la loi ». Notre gouvernement baisse sa culotte devant cette horde marginale sans foi ni loi...

Pourquoi ?

Parce qu'eux aussi représentent des voix électorales.

---

1. Brigitte Bardot s'était déjà rendue sur place, dans le Médoc, en 1985 et en 1991, toujours accompagnée d'Allain Bougrain-Dubourg, président de la LPO (Ligue de protection des oiseaux).

N'ayant pas l'intention de me présenter à la présidentielle, j'ai gardé ma culotte, seule contre 750 chasseurs qui avaient décidé de tenir leur congrès à Saint-Tropez, le 4 juin 1994, par pure provocation.

Provocation parce que Saint-Tropez est un village de plaisance, de tourisme, de loisirs certes mais pas un endroit de chasse. Les maisons, le béton, les circuits touristiques ayant envahi la presqu'île, les territoires réservés au gibier ont été repoussés loin, bien loin.

Provocation car, depuis cinquante ans, aucun congrès de chasseurs ne s'y était jamais tenu, c'est-à-dire que depuis 1958, année d'acquisition de La Madrague, je n'avais jamais, au grand jamais, entendu parler d'une telle chose.

Provocation car la seule et unique antenne de ma Fondation [1] est à Saint-Tropez, que cette fondation, à son départ, a été créée dans ce village en 1986 et qu'elle lutte de toutes ses forces contre les carnages, les exactions, les menaces, les abominations que commettent les chasseurs sur tous les animaux mais aussi sur leurs propres chiens lorsqu'ils sont encombrants et peureux, sur les chats pris dans les pièges ou abattus froidement lorsque la gibecière est vide ; brefs, les viandards du Var sont parmi les pires de France !

C'est pourquoi, écœurée et triste, seule contre « mon » village, seule à protéger les animaux de ce patelin, j'ai décidé de fermer l'unique antenne de ma Fondation, de quitter ma maison et de m'exiler jusqu'à l'élection, l'année prochaine, d'un nouveau maire en qui je mettrai tout mon espoir.

---

1. Cette annexe, située face à la célèbre gendarmerie de Saint-Tropez, avait été inaugurée le 2 février 1993.

*La petite Fondation de Saint-Tropez – située juste en face de la célèbre gendarmerie immortalisée par Louis de Funès – proposait des souvenirs personnels vendus au profit des animaux. Elle est désormais fermée : tout a été acheté !*

*4 juin 1994 – Un congrès de 750 chasseurs à Saint-Tropez ! J'avais organisé une manifestation pour crier ma colère et mon dégoût. À la suite de cette provocation, j'ai immédiatement quitté mon village, si cher à mon cœur, pour fuir cette mascarade.*

# Abandonné, il va mourir

Chaque année, plus de 100 000 chiens
sont abandonnés en France...

*Lâchement
abandonné durant
l'été, il vous attend...
Soyez son sauveur.*

*Accueillie par
Mme Faucher,
alors présidente de la SPA,
je me suis souvent rendue
dans différents refuges,
notamment celui de
Gennevilliers (ici, le
8 octobre 1995, pour
les 150 ans de la SPA).*

# Le massacre de l'été

J'aime les animaux plus que tout au monde.

Je les aime pour eux et non pour moi.

Je leur ai donné ma vie ; désormais ma célébrité est à leur service.

Cet été, j'ai été révoltée, outrée, scandalisée en apprenant que le nombre d'abandons avait battu des records jamais encore égalés malgré toutes nos mises en garde, nos informations, les images cruelles que nous avons essayé de faire digérer à un public indifférent, trop souvent assoiffé de « vacances ». Ce mot devenu (hélas) synonyme de détresse, d'abandon, d'agonie, de mort.

Pendant que leurs ex-maîtres se saoulaient de soleil, de bains de foule, de promiscuité souvent grasse et vulgaire, de liberté concentrationnaire, parqués dans des campings inhumains, entassés comme du bétail sur des plages et des routes de vacances, les chiens et les chats abandonnés furent euthanasiés massivement, cruellement, injustement, innocentes victimes d'une immonde décharge de responsabilité humaine : les charniers battirent leurs lamentables records partout en France, particulièrement au refuge de Gennevilliers malgré les supplications de Mme Jacqueline Faucher (présidente de la SPA), qui cria à maintes reprises son indignation sur toutes les chaînes de télévision.

Face à ce dramatique bilan, me sentant impuissante devant ce déferlement de méchanceté humaine, je décidai de venir en aide aux survivants de l'« holocauste » en me mettant au service de ces malheureux chiens et chats qui avaient, par miracle, échappé au massacre de l'été.

Voilà pourquoi, avec la complicité de TF1, la collaboration de Bernard Montiel et l'accord de la SPA, j'ai tenté en direct le samedi 1er octobre 1994, de 13 heures à 20 heures 30, de responsabiliser et de concerner « les gens bien » (il y en a encore heureusement), susceptibles de m'aider, de nous aider, de les aider, en les adoptant dans tous les refuges de France ouverts ce week-end-là !

Même si les cages n'ont pas été vidées comme par enchantement, 280 chiens et chats ont quitté Gennevilliers dans les bras d'un nouveau maître et plus de 3 000 chiens et chats (dans toute la France) ont, eux aussi, retrouvé le bonheur.

C'était trois jours après mon soixantième anniversaire et ce fut mon seul et unique cadeau. Chaque fois que je le pourrai, je me mettrai encore à la disposition de la détresse animale. Qu'importe le nom de l'association, ce sont les animaux qui ont la priorité.

Ma Fondation et moi-même n'existons que dans ce but.

1er octobre 1994 – Refuge SPA de Gennevilliers. Lors d'une journée non-stop d'adoption retransmise en direct par TF1. Bernard Montiel avait accepté de présenter cette émission-marathon à mes côtés. Un énorme succès national !

Quel week-end chargé ! Le lendemain (2 octobre), me voici à l'hippodrome de Vincennes pour notre 6e Fête du monde animal. Une foule impressionnante était venue m'accueillir.

*9 mai 1994 – Hôtel Concorde Saint-Lazare à Paris. Conférence de presse avec Allain Bougrain-Dubourg (et des représentants d'autres associations) pour dénoncer le laxisme du gouvernement qui ignorait toutes nos propositions d'amélioration de la condition animale.*

*Le 23 juillet, j'ai fait la fête pour la Sainte-Brigitte chez Coville, à Montfort-l'Amaury, où j'ai dansé accompagnée par mes amis les Gipsy.*

*À l'occasion de la publication du premier tome de mes Mémoires, Jean-Pierre Foucault m'avait consacré une émission spéciale Sacrée Brigitte (le 28 septembre 1994). Parmi les invités, Lech Walesa (l'ancien président polonais) qui avait toujours souhaité me rencontrer. Ce fut une « sacrée surprise » !*

*19 novembre 1994 – Paris. J'avais pris la tête d'une manifestation de plusieurs centaines de personnes, entre la Madeleine et l'Opéra, pour protester contre l'utilisation de la fourrure par les créateurs de mode.*

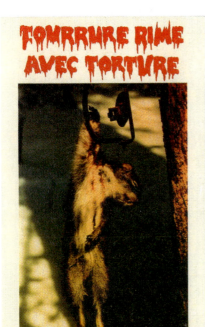

△ *Devant l'Opéra, Laëtitia Scherrer (fille du grand couturier) met le feu à des manteaux en fourrure que des sympathisants nous avaient offerts pour dénoncer cet odieux commerce.*

# Un cimetière sur le dos

Qu'est-ce que la fourrure ?

C'est une dépouille sanglante, c'est la peau d'un malheureux animal condamné à mort uniquement pour le plaisir de celles qui se pareront, pour paraître plus belles, de cette fourrure que la nature a octroyée à ceux qui en avaient besoin pour survivre et que l'homme s'est appropriée.

C'est un cimetière sur le dos !

C'est le luxe inutile d'un signe extérieur de richesse révolu.

C'est le massacre de plus de 35 millions d'animaux chaque année, massacre intolérable par gaz, électrocution, piégeage, trappe, gourdin, mort lente souvent, agonie insupportable. Misérable utilisation de la force et de la sophistication humaines contre la faiblesse animale.

Oui, j'ai porté des fourrures, je parle donc en connaissance de cause et je peux affirmer avec conviction que seuls les imbéciles ne changent pas d'avis.

La survie de l'humanité n'est pas mise en cause par le boycott de la fourrure ; la réinsertion de ceux qui en vivent peut très bien se faire dans une autre branche : le travail du synthétique par exemple. La mort de millions d'animaux ne justifie la survie d'aucun être humain !

Une prise de conscience est urgente.

Je supplie ceux qui adhèrent à ma Fondation de m'aider, je supplie ceux qui liront ces lignes de les faire connaître à d'autres et ainsi de suite afin de convaincre les irréductibles.

Sans vous je ne peux rien !

Soyez le maillon de ma chaîne, si lourde à porter.

Enfin je remercie toutes les personnes qui nous ont envoyé leurs fourrures que nous avons maculées de sang puis brûlées, devant l'Opéra de Paris, lors de la manifestation du 19 novembre 1994.

# La détresse et la souffrance de cet animal passent dans <u>votre</u> assiette

*Transporté dans des conditions révoltantes, maltraité, entassé, bléssé, ce veau abattu à 5 mois n'aura pas connu un seul jour en plein air.*

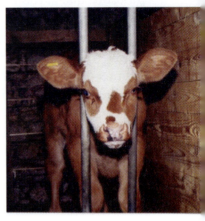

## Sa santé est la vôtre.
Viande de veau blanche = viande anémiée.

*Dans sa cage étroite, ce pauvre veau attend de partir à l'abattoir !*

*14 février 1995 – Coventry (GB). Toute la presse britannique a relaté, en première page, ma venue aux obsèques de Jill Phipps, militante de la cause animale. Mais en France, ce fut plus discret. J'ai toujours du mal à comprendre pourquoi mon combat est reconnu à l'étranger et si peu encouragé dans mon propre pays...*

# Jill, ma sœur de combat

Nous sommes en deuil !

Jill Phipps, ma sœur de combat, ma courageuse guerrière, mon *alter ego* d'outre-Manche, est morte d'avoir trop aimé les animaux. Écrasée par une bétaillère remplie de petits veaux qu'elle voulait à tout prix sauver du sort infernal que la France leur réserve.

Jill Phipps, cette merveilleuse, jeune et belle femme, n'a pas hésité à risquer sa vie pour protester contre les méthodes sordides et barbares que notre ministre de l'Agriculture continue d'autoriser. Jill s'inscrira dans l'histoire comme « la Jeanne d'Arc des petits veaux », au même titre que Dian Fossey pour les gorilles, Joy Adamson pour les lions, et tant d'autres malheureusement…

Elle commence à s'allonger dangereusement, la liste des victimes de la protection animale… Cela deviendrait-il un combat à haut risque que de prendre la défense des plus faibles ?

Et pourtant, ils ont raison, rien ne les arrêtera, ces Anglais, courageux et obstinés, qui se battent sur le terrain, dénonçant à cor et à cri les révoltants transports des petits veaux qui, à peine âgés de huit jours, séparés de leurs mères, entassés dans des camions, des avions, des trains, des cargos, maltraités, brutalisés, estropiés, subissent des heures et des heures de stress, sans manger ni boire, pour arriver enfin (quand ils ne sont pas morts en route) dans l'élevage intensif dit « de batterie » où, pendant leur triste vie de cinq mois, ils seront prisonniers de cages minuscules, attachés par des chaînes courtes, dans l'obscurité ou dans une lumière artificielle permanente, ne pouvant ni se tourner ni s'allonger.

Comment, au nom de quelle prérogative, peut-on accepter de faire subir à des animaux, en l'occurrence des bébés, un martyre aussi abject, aussi répugnant ?

L'Allemagne a limité les transports à huit heures. L'Autriche à six heures. Seule la France autorise encore des abus allant de quinze à quarante-huit heures parfois ! Qu'attend donc M. Puech, notre ministre de l'Agriculture, pour faire enfin preuve de courage face à une situation devenue dramatiquement brûlante et urgente ?

À quoi sert ce ministère ?

Depuis vingt-deux ans que je me bats pour les animaux, j'ai rencontré tous les ministres de l'Agriculture successifs, au moins une douzaine, leur dénonçant la honte des transports d'animaux vivants et des élevages en batterie. J'ai même contacté personnellement M. François Mitterrand [1], il y a plus de dix ans, sans obtenir le moindre résultat, la moindre amélioration. Toutes les associations françaises de protection animale ont plaidé les mêmes causes, en vain…

Faudra-t-il qu'il y ait encore d'autres victimes humaines, d'autres Jill Phipps, pour que notre gouvernement prenne enfin conscience que la condition animale est déplorable en France, et qu'il serait urgent de prendre les élémentaires mesures de décence concernant ces révoltants transports d'animaux vivants ? Quel candidat à la présidence a fait état du scandale que cette inertie provoque et a parlé d'une amélioration quelconque, même en aléatoires promesses ?

Bien que végétarienne, je comprends – même si je n'approuve pas – qu'on mange de la viande (sauf du cheval !), mais au moins, ayons la décence de ne pas faire souffrir inutilement ces pauvres animaux qui finiront dans notre assiette.

Donnons à Jill Phipps, morte pour vaincre l'indifférence, l'hommage posthume d'une victoire noble et méritée.

---

1. La rencontre a eu lieu à l'Élysée le 16 octobre 1984.

*16 octobre 1984 – Je m'étais rendue à l'Élysée avec Allain Bougrain-Dubourg pour soumettre à François Mitterrand une liste de trente mesures urgentes pour l'amélioration du sort de animaux. Mais ma visite n'a eu aucune suite concrète…*

*20 février 1995 – Manifestation à Bruxelles pour exiger la limitation des transports d'animaux à huit heures. Je n'hésite jamais à prendre la parole face aux manifestants.*

*26 février 1995 – Arrivée à la manifestation devant le Salon de l'agriculture. Une vraie foire d'empoigne où j'ai eu une altercation assez virulente avec Jean Puech, le ministre de l'Agriculture.*

*Je suis toujours prête à me rendre dans un refuge (ici à Toulouse) lorsqu'il y a une réelle détresse ou un problème urgent à régler.*

*Encore un pauvre martyr : son bourreau lui a carrément brisé et retourné les pattes. C'est ignoble ! Nous avons porté plainte contre ce dégueulasse, la justice encore une fois n'a pas été à la hauteur…*

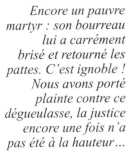

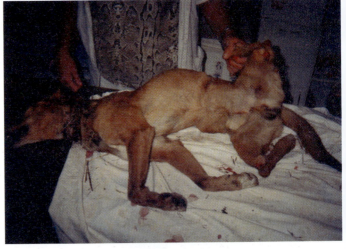

*20 mars 1995 – Conférence à l'hôtel Crillon pour protester contre la reprise du massacre des phoques par le Canada et la Norvège ; je suis soutenue par Franz Weber, la Princesse Aga Khan et Jacqueline Faucher. Ce jour-là, Anouk Aimée était également présente. Encore un coup d'épée dans l'eau, hélas.*

# Responsable pour toujours
## de ce que tu as apprivoisé

Si Paule [1] était encore vivante, elle aurait écrit avec son style si particulier, son franc-parler si personnel, son émotion si vive et sa révolte si violente l'horreur des abandons à la veille des vacances.

Les chiens et les chats (abandonnés) sont vivants, au même titre qu'un enfant !

Eh oui, un enfant...

Et leur abandon est aussi répréhensible, aussi lâche, aussi dégueulasse que celui du petit d'un homme. Parce que eux n'ont aucune chance de s'en tirer, parce que leur nombre est tel que ne sachant plus quoi en faire ni où les mettre, on finit (quand on ne commence pas...) par les euthanasier.

Après tout ce ne sont que des chiens !

Quant aux chats, c'est par dizaines ou vingtaines (voire par cinquantaines) qu'ils passent dans le container à gaz, suffoquant, se marchant les uns sur les autres, agonisant de longues minutes, les yeux exorbités fixés sur le hublot étanche derrière lequel l'homme regarde, comme au travers d'une machine à laver, si le programme se fait normalement, en préparant déjà la fournée suivante. Plus pratique et plus souvent utilisée, la cage de contention dans laquelle le chat immobilisé reçoit à la « va-comme-je-te-pousse » la piqûre mortelle.

On peut bien vous dire toutes sortes de balivernes pour vous faire croire qu'on n'assassine plus les malheureux abandonnés dans les refuges de France, moi je vous affirme le contraire, et je peux malheureusement le prouver. L'année dernière, en 1994, il y

---

1. Paule Drouault, journaliste française et militante pour la protection des animaux, est décédée le 7 juin 1995.

a eu plus de 100 000 abandons entre les mois de juin et de septembre dans les SPA et autres refuges.

On ne peut pas faire des miracles, il faut le savoir !

Pour un animal abandonné, c'est souvent la mort.

Et pas n'importe laquelle...

Après un séjour dans une triste geôle sale, pleine d'autres toutous qui, affolés, perdus, désespérés, se battent ou sont prostrés tremblants de peur, c'est le couloir de la mort vers l'homme de science quand ce n'est pas un simple employé de l'établissement qui rate la piqûre intracardiaque une fois sur deux, provoquant des spasmes, des convulsions, des douleurs d'agonie dont je préfère ne pas parler en détail.

Mais avant cette douloureuse délivrance, par quelles angoisses, quel stress a pu passer le chien abandonné ?

Celui qu'on jette de la voiture et qui court derrière jusqu'à l'épuisement, jusqu'à ce que ses pattes en sang ne le portent plus, jusqu'à ce qu'il se fasse heurter par une autre voiture.

Celui qu'on accroche, muselé par du barbelé, à un tronc d'arbre, le vouant à une mort lente et atroce, sauf miracle ! Mais le « miracle » le menant en tout état de cause à une autre mort tout aussi atroce.

Ou alors celui qu'on dépose, la conscience tranquille, dans le refuge le plus proche, qui sera remis à l'adoption après que l'on aura signé les certificats d'abandon afin de partir « en règle » avec soi-même et l'administration, vers le soleil, la mer, les vacances...

Celui-ci qui ne comprend pas, qui vous attendra des jours et des mois, en taule, livré à lui-même, sans vous, sans caresses, sans amour, alors qu'il vous a tellement aimé, dans une confiance absolue.

Quand un enfant est abandonné et recueilli par la Ddass, il subit toute sa vie un manque profond d'amour filial, le stress inconscient (ou conscient) d'un vide affectif irremplaçable, qui en fera, à jamais, un être à part, sans repères, dans cette société sans pitié, qui néanmoins lui permettra de vivre.

Pourquoi les chiens et les chats doivent-ils payer de leur vie, de leur douleur, la faute qui incombe à leur maître, lâche et sans scrupules ?

Parce que les lois sont mal faites, mal appliquées ?

C'est sûr, elles datent de Mathusalem, et comme c'est le dernier souci de nos dirigeants, elles ne sont pas près de changer.

Parce qu'il y a trop de chiens et de chats (c'est vrai…), nous essayons d'y remédier en suppliant les gens de ne pas faire reproduire leurs animaux, de les faire stériliser, en tentant de rendre obligatoire des quotas d'élevage à ne pas dépasser pour chaque race, etc.

N'ayant pas le pouvoir de créer des lois et n'étant pas suivie par les ministres concernés, c'est à vous, et avec vous, que j'ai l'intention de faire des miracles !

« Tu deviens responsable pour toujours de ce que tu as apprivoisé » a écrit Saint-Exupéry [1], alors n'abandonnez pas vos animaux, je vous en supplie. Confiez-les à quelqu'un, à une bonne pension, ou emmenez-les avec vous.

Écrivez-moi pour me raconter comment se sont passées vos vacances avec votre chien, votre chat. Faites passer le message, montrez l'exemple.

Je vous embrasse, bonnes vacances, avec eux…

---

1. Extrait du *Petit Prince*, paru en 1946, après la mort de l'auteur (1900-1944).

*17 juin 1991 – Jacques Chirac, alors maire de Paris, était mon ami et fut l'un des premiers hommes politiques à me soutenir et à m'aider dans mon combat. Devenu président de la République, il fut moins à l'écoute de mes préoccupations...*

*28 janvier 1985 – C'est la troisième fois que je rencontrais Huguette Bouchardeau (ministre de l'Environnement) pour la supplier d'interdire les pièges à mâchoires. Peine perdue... Comme d'habitude !*

*31 mai 1991 – Bruxelles. Devant des représentants du Parlement européen, je démontre la violence des pièges à mâchoires pour tenter de les faire interdire. Ils sont désormais devenus des pièges dits « confortables ». Un scandale de plus !*

# L'abolition des chasses présidentielles

C'est une « bombe » écologique !

Jacques Chirac a aboli les chasses présidentielles.

Même si cet événement a été évincé dans son importance par les essais nucléaires de Mururoa, il reste un point essentiel dans la lutte que nous menons contre l'aberration de cette pratique cruelle, stupide et lâche qui n'attire que ceux qui sont lâches, stupides et cruels.

L'an passé, en mai 1994, lors d'une conférence de presse [1], j'avais proposé à François Mitterrand (alors président de la République) d'échanger ma légion d'honneur contre l'abolition des chasses présidentielles ! Silence. Je gardai ma légion d'honneur avec un goût amer.

Avec Chirac, il n'y eut pas de marchandage.

Encore maire de Paris, alors que je lui contai mon marché, il me répondit : « Moi, si j'y arrive, c'est la première chose que je ferai. » Merci, Monsieur le Président, d'avoir tenu votre parole en donnant un bel exemple aux viandards prétentieux qui confondent fusil et virilité, l'un stimulant l'autre (et vice versa).

Tout le monde n'ayant pas l'élégance de notre président de la République, la « chasse » ou plutôt le « massacre » des animaux de nos forêts s'ouvre avec son cortège d'horreurs, de meurtrissures, de blessures. Cette soupape de sécurité que l'homme a trouvée pour assouvir sa soif de tuer, cette dérivation de meurtre légalisée et dirigée vers l'animal, cette affreuse lâcheté de grandes gueules avinées, armées jusqu'aux dents, déguisées en « paras » de chocs qui traquent, déciment, massacrent de pauvres

---

1. Le 9 mai, à l'hôtel Concorde Saint-Lazare à Paris. Entourée de nombreux représentants d'autres associations, de Théodore Monod et d'Allain Bougrain-Dubourg, Brigitte a dénoncé le laxisme du gouvernement et demandé la mise en place de mesures urgentes.

bêtes inoffensives et sans défense, sans la moindre pitié, la moindre compassion, me dégoûtent profondément.

Les pauvres lois européennes et nationales qui interdisent, régissent ou réglementent certaines chasses absolument scandaleuses (comme le massacre des tourterelles dans le Médoc en mai – dont j'ai souvent parlé –, les braconnages d'ortolans dans le Sud-Ouest, le gluau en Haute-Provence ou bien les pièges de pierre appelés « lecques » ou « matoles » dans les Landes) sont bafouées, non appliquées, tournées en dérision par ceux qui font des pieds de nez aux gouvernements, par ceux qui tirent les ficelles de l'électorat, par cette poignée de salopards qui dictent leur loi aux différents hommes politiques soumis à leur influence, à leur mafia, à leur puissance de destruction, à leur chantage, à leur « crime organisé ».

En 1984, j'avais écrit [1] à Huguette Bouchardeau (alors secrétaire d'État à l'Environnement) qu'elle « baissait sa culotte devant les chasseurs ». Depuis, combien de culottes ont été baissées devant la puissance de cet État dans l'État ? Il y aurait de quoi monter un magasin de bonneterie en tout genre...

Je suis toujours prête à échanger ma légion d'honneur contre l'arrêt de la chasse, n'importe laquelle mais au moins une... Faudra-t-il attendre le prochain président pour y arriver ? De sept ans en sept ans, le temps passe, je vieillis et mon espoir se rétrécit comme une peau de chagrin. Des animaux innocents sont exterminés par milliers chaque année, alors que des violeurs d'enfants, des tueurs de vieilles dames, des assassins notoires ou des escrocs monstrueux (et souvent hauts placés...) continuent leurs méfaits.
Décadence... décadence !

Il est admis et autorisé d'accueillir chez soi des animaux exotiques et dangereux arrachés à leur milieu naturel, exportés

---

1. Dans une lettre très virulente, publiée par *France-Soir* le 25 mai 1984, Brigitte dénonçait les pièges à mâchoires et la chasse.

dans des conditions scandaleuses, vendus à des prix faramineux ; tout cela favorise un commerce ignoble, lucratif et… légal, mais on risque la mise en examen et des amendes défiant toute concurrence si on recueille une petite biche ou un bébé marcassin trouvé abandonné et mourant de faim et de froid parce que la mère a été tuée, sous leurs yeux, par des chasseurs.

Le gibier, c'est le gibier !

Il appartient aux chasseurs, c'est de la chair à fusil.

Un point c'est tout.

Pythagore [1] a écrit :

> *Tant que les hommes massacreront les bêtes,*
> *ils s'entre-tueront.*
> *Celui qui sème le meurtre et la douleur*
> *ne peut en effet récolter la joie et l'amour.*

C'était il y a plus de 2 500 ans. À méditer…

*Avec une adorable biche durant un tournage dans les années 60.*

---

1. Philosophe et mathématicien grec (570-480 avant J.-C.) qui fonda une école mystique.

*Le gavage (cruel et inutile) pour ce satané « foie gras ». Une torture infligée à ce pauvre canard, pour satisfaire une tradition culinaire malheureusement bien implantée mais décriée dans le monde entier. C'est une des hontes de la France !*

*La tournée des ministres continue...*

*3 novembre 1995 – Avec Jacques Toubon (ministre de la Justice), qui m'écouta poliment mais ne fit rien ! Malgré le très grave problème de la zoophilie qui depuis 2004 est interdit (mais pas grâce à Toubon !).*

*28 novembre 1995 – J'avais voulu rencontrer Jean-Louis Debré (ministre de l'Intérieur) pour lui parler de l'Aïd-el-Kébir. Mais il ne valait mieux pas aborder ce sujet hypersensible... Il avait le trouillomètre à zéro ; il n'est hélas pas le seul !*

# Personne ne croit plus aux légendes

Noël est la plus merveilleuse nuit de l'année, la plus mystérieuse aussi puisque la plus longue.

Noël, c'est l'anniversaire légendaire de la naissance d'un enfant venu au monde pour racheter les péchés des hommes.

C'est aussi la magie de ce grand-père à barbe blanche qui descend du ciel pour distribuer aux enfants, dans leurs petits souliers alignés sagement devant la cheminée, les cadeaux rêvés et les jouets surprises qui les feront s'extasier à leur éveil.

Aujourd'hui personne ne croit plus aux légendes, le Père Noël fait partie des attractions démystifiées qui attirent le client jusque sur nos écrans de télévision, et le Petit Jésus grelotte dans la paille de sa crèche, oublié au profit d'une immense campagne de consommation qui vante les produits les plus performants à offrir en cette période propice aux dépenses les plus excessives pour un rendement toujours plus lucratif.

Parmi ces nouvelles traditions païennes s'est installée la mode de la « grande bouffe ». Comme si ce soir-là, il était indispensable de se goinfrer (jusqu'à en être malade le lendemain) de tous les mets réservés à cette occasion. Parmi eux arrivent en tête le foie gras et la pauvre dinde prisée exclusivement à cette période de l'année.

Pourquoi ce soir-là sacrifions-nous des millions de dindes sur l'autel de notre indifférence alors que cette fameuse volaille n'est pas particulièrement appréciée le reste de l'année ?

Pourquoi cette fête si belle doit-elle automatiquement provoquer le massacre de milliers de canards et d'oies engraissés de manière abominable ?

Parce que... c'est la tradition.

Eh bien, non !

La tradition, comme toutes les traditions synonymes de tueries, doit évoluer.

Savez-vous le martyre abominable que subissent les oies et les canards lors du gavage afin qu'ils contractent une maladie de foie équivalant à une épouvantable cirrhose, torture admise et encouragée par chaque personne qui mange ou qui achète du foie gras ?

On les immobilise, on leur enfourne une espèce d'énorme entonnoir dans le larynx, on les bourre à les faire étouffer, et ce calvaire plusieurs fois par jour, à la chaîne, comme dans les usines Renault. Ils ingurgitent ainsi quotidiennement l'équivalent (pour un être humain) de vingt kilos de pâtes ! Et cela durant deux mois, alors qu'ils sont malades et ont envie de vomir. Quand leur foie est devenu énorme, à peu près dix fois plus volumineux que la normale, alors on les tue, on les ébouillante, parfois vivants, et on vous sert sur un plat en argent leur foie bien malade, bien gras, bien truffé afin que vous vous en régaliez.

C'est barbare, inhumain et inutile.

Le Petit Jésus, devenu le Christ trente-trois ans plus tard, a toujours vécu pauvrement et simplement ; jamais il n'a demandé que l'on célèbre son anniversaire par une pareille hécatombe.

Pourquoi entacher de sang et de détresse une fête magique et unique dans le seul but de nous remplir la panse, avalant goulûment l'agonie et la douleur de ces millions d'animaux, objets d'un commerce habilement mis en place afin de profiter de la naïveté du client-gogo dont chacun de nous est un éminent représentant ?

Je demande à tous mes adhérents, à ceux qui veulent m'offrir le plus beau cadeau de Noël, de ne manger ni dinde ni foie gras pendant cette période de l'année et de faire passer le message. Nous serions déjà 35 000 à refuser ce sacrifice inutile !

Il faut un début à tout.

Les mauvaises habitudes mettent du temps à se perdre, mais avec un peu de volonté, de prise de conscience et d'intelligence de cœur, on y arrive. Si chacun de nous essayait de faire le moins de mal possible autour de lui, le monde pourrait redevenir vivable.

C'est ce que je souhaite de tout cœur en cette fin d'année 1995.

Passez un joli et doux Noël sans dinde ni foie gras.

N'oubliez pas d'embrasser vos chiens et chats, très fort, de ma part.

Bonne année 1996 !

Chiot,
on craque...
adulte, on
abandonne!

Cadeau de Noël... Abandonné six mois après.

FONDATION
BRIGITTE BARDOT
45, rue Vineuse 75116 Paris - Tel. 01 45 05 14 60

*Une de nos publicités dans le métro parisien (hiver 1996). Acheté comme un cadeau, on oublie souvent qu'il s'agit d'un être **vivant** !*

75

## Le massacre !

*Je porte dans mon cœur meurtri toute la souffrance des animaux.*

*Pauvre cheval sorti sans ménagement d'un camion pour aller à l'abattoir. Comment peut-on le traiter avec une telle brutalité ?*

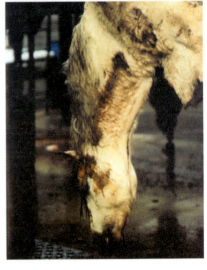

*HONTE à ceux qui, malgré ces images horribles, continuent à manger de la viande de cheval.*

# J'accuse

J'en ai des choses à vous dire malheureusement.

Nous déplorons, nous nous révoltons, nous combattons les abus, les bavures, les meurtres (aussi) que cette chasse épouvantable draine derrière elle ! Encore l'assassinat de deux gardes-chasse dans le Var me fit-il réagir [1] peut-être exagérément, mais face à de tels actes, eux-mêmes dépassant les extrêmes, il est difficile d'être tiède dans mes propos.

Puis il y eut, dans les Ardennes, la découverte horrible d'un réseau de braconniers tuant depuis une dizaine d'années, avec des armes modernes et sophistiquées, tout ce qui bouge, tout ce qui fait cible, tout ce qui est protégé, tout ce qui se vend en taxidermie ou dans des restaurants peu scrupuleux, bref, décimant nos forêts de leurs hiboux, de leurs chats sauvages, de leurs écureuils, de leurs faons (nos adorables « Bambis »), de tous ses animaux victimes d'armées professionnelles et hors la loi contre lesquelles ces pauvres bêtes sans défense ne peuvent rien.

Une guerre, avec des guerriers contre des lapins, des sangliers, des biches, des cerfs, des oiseaux, incapables d'échapper à un génocide atroce et super-organisé par ces terroristes que sont devenus les chasseurs français.

Et face à tous ces meurtres, à tout ce sang versé, à toute cette hécatombe, nous nous heurtons à une Corinne Lepage, ministre de l'Environnement, responsable à part entière de ces abus, de ces bavures, qui nous répond laconiquement « [qu'elle] ne peu[t] rien faire, que le lobby de la chasse, trop puissant, fait plier les gouvernements, [qu'elle] ne veu[t] prendre aucune mesure afin de ne pas mettre d'huile sur le feu » !

---

1. Par l'écriture d'une violente « lettre ouverte » adressée à la presse le 16 janvier 1996.

Il est joli, le gouvernement français avec sa « jupette [1] » qui pète dans sa culotte devant une force électorale aux allures mafieuses faisant plier les ministres les plus irascibles !

Nous sommes saignés aux quatre veines par des taxes et des impôts qui ne font que s'accumuler depuis l'élection de Jacques Chirac, notre nouveau président, dans lequel nous avions porté tant d'espoirs. Hélas, trois fois hélas, mille fois hélas, rien n'est conforme à nos espérances et tout va de pis en pis.

M. Daillant, ce vaillant « Himmler des animaux », président de la Fédération des chasseurs depuis de lustres, immuable dans ses propos, mafieux dans ses actions, terrorise tous les ministres par la puissance de son poste de véritable « chef d'État » dans le pays. Et pourtant, c'est de cet individu frelaté, de cet « Al Capone de la chasse », de ce trafiquant de corps et d'armes que vient tout le mal.

J'accuse les pouvoirs publics de lâcheté.

J'accuse le Premier ministre, Alain Juppé, de ne pas réagir devant tant d'infractions évidentes ! Je l'accuse aussi de vouloir légaliser au nez et à la barbe de la Communauté européenne les braconnages de tourterelles dans le Médoc, pour satisfaire son électorat !
J'accuse Mme Corinne Lepage de baisser sa culotte, comme les autres avant elle (Huguette Bouchardeau, Ségolène Royal), devant la puissance des chasseurs ! Nous ne voulons plus de « sans-culottes » comme ministres, mais des êtres responsables de la mission qui leur a été confiée et pour laquelle ils sont rémunérés grassement chaque mois.
Ras-le-bol de ces émasculés !

---

1. Surnom caricatural donné aux ministres féminins du gouvernement d'Alain Juppé.

(Pour une fois, je fais l'apologie d'un attribut masculin particulièrement important chez l'être humain alors que j'essaye de le faire disparaître chez l'animal de compagnie.)

*

* *

À l'heure où l'Europe s'alarme avec le monstrueux problème des vaches folles, je voudrais vous parler de cette viande que vous mettez chaque jour dans votre assiette, alors qu'elle représente la souffrance, l'agonie, la mort de pauvres bêtes, abattues industriellement d'une manière épouvantable, et si je dis « épouvantable », je pèse mes mots.

Si vous alliez un matin dans les abattoirs voir ce qui s'y passe, je suis persuadée que, comme moi, vous deviendriez des végétariens purs et durs.

Je ne vous le demande pas, laissant à chacun de vous le choix de l'âme et de la conscience !

Mais ce que je vous demande de tout mon cœur, c'est de ne plus manger de cheval !

Bien sûr c'est un peu du « racisme animalier » mais il ne faut pas le prendre comme tel. Les chevaux n'ont jamais été (jusqu'à la guerre de 1870) des animaux de consommation. La famine sévissant, à cette époque où les chevaux étaient le nerf de la guerre, certains affamés eurent l'idée d'abattre ces pauvres bêtes pour les manger et survivre grâce à elles. Nous n'en sommes plus là ! Nous bouffons déjà à nous en faire éclater la panse, alors oublions la viande de la plus noble conquête de l'homme.

Je vous en supplie.

*Paule Drouault qui a tant fait pour les animaux. Sa devise était : « On ne vous demande pas de les aimer mais de leur foutre la paix ! »*

*Avec Allain Bougrain-Dubourg, nous nous sommes souvent rendus dans le Médoc. Mais les chasseurs sont toujours là, à l'affût de ces pauvres tourterelles. Alors que faire ? Flinguer les chasseurs ?*

*16 mai 1996 – Notre Fête du monde animal se tenait au parc de Choisy. Ici entre Jean Tibéri – maire de Paris – et Laëtitia Scherrer.*

*8 juin 1996 – Inauguration en Lozère du premier Parc européen d'observation des loups, avec notre ami Gérard Ménatory, François Bragger (président du Conseil général) et ma directrice, Ghyslaine Calmels-Bock.*

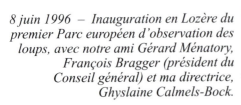

# Nous ne sommes pas éternels

Il y a un an, Paule Drouault, cette formidable journaliste animalière, nous quittait, laissant le monde de la protection animale orphelin sans que personne reprenne avec courage les vérités crues qu'elle dénonçait, avec son langage, son écriture, si particuliers et si personnels.

Jean-Pierre Hutin [1] s'en est allé aussi, laissant derrière lui tant de combats, tant de luttes, tant de forces, tant de tendresse pour les animaux, toute une vie acharnée à défendre les plus faibles avec obstination, une volonté de vaincre, un pouvoir et une popularité médiatiques rares. Et nous voilà, une fois de plus, amputés d'un des plus fabuleux ambassadeurs d'animaux que la France ait connus !

Qui reste-t-il ?

Qui prendra la relève de ces défenseurs morts au champ d'honneur ?

Allain Bougrain-Dubourg, Jacqueline Faucher (présidente de la SPA), Arlette Alessandri (présidente d'Assistance aux Animaux) et moi, certainement ! Mais nous voyons nos effectifs diminuer, nous ne sommes pas éternels non plus, et je m'inquiète énormément pour l'avenir.

On ne rentre pas dans la protection animale comme on rentre chez le boulanger acheter un croissant ! C'est un apprentissage pénible, difficile, terrifiant parfois. Il faut des nerfs d'acier, un courage à toute épreuve, une passion viscérale pour les animaux avant d'acquérir, avec le temps, l'expérience nécessaire qui rende crédible l'efficacité du combat. Un cœur sensible ne suffit pas, hélas ! J'en sais quelque chose… Alors je lance un S.O.S. à tous ceux qui se sentent concernés, afin d'assurer une relève

---

1. Producteur et présentateur de l'émission télévisée *Trente Millions d'amis*, consacrée aux animaux. Décédé le 1er juin 1996.

avant qu'il soit trop tard. Mais je préviens : c'est un sacerdoce, une religion, un don de soi.

Les vacances sont là !
Les abandons aussi !
Je ne sais plus comment dire sur l'air des lampions ce que je répète chaque année. Un abandon de chien ou de chat est l'un des actes les plus lâches qu'un humain puisse commettre. Il faut absolument se mobiliser, dénoncer, punir (oh oui !), punir sévèrement ces dégueulasses qui ont encore la lâcheté de faire des horreurs pareilles.

Nous vivons actuellement une époque complètement antinaturelle, très difficile et déstabilisante, dans laquelle les animaux payent un tribut très lourd à cette humanité devenue bien plus folle que les pauvres vaches qui ne doivent leur maladie qu'à la cupidité, à la bêtise des hommes ! On ne se rend pas assez compte que toutes les catastrophes sont provoquées par l'homme et subies par l'animal ! Que ce soit le sida, la maladie de Creutzfeld-Jakob [1], certains cancers provoqués par le nucléaire ; tout est sous la triste irresponsabilité humaine. Les animaux en paient la facture et c'est sur eux que s'acharne la vengeance humaine. On les égorge, on les dépèce, on les massacre, on leur prend leur vie, leur peau, leur graisse, leur fourrure, leur chair, leurs os et même leur sperme !
Nous sommes ignobles !
Pensons-y et réagissons.
Nous ne sommes pas des moutons (pauvres moutons) !

À ce propos, je dois dire qu'à la suite de mon « cri de colère » paru dans Le Figaro [2], j'ai subi, à boulets rouges, un

---

1. Encéphalopathie spongiforme humaine due à une particule infectieuse (le prion).
2. Lettre parue le 26 avril 1996 et dont le texte intégral a été repris dans *Le Carré de Pluton* (Grasset, 1999). Cet article critiquait ouvertement la tradition musulmane de l'Aïd-el-Kébir dont le sacrifice, une fois par an, de milliers de moutons, révolte Brigitte Bardot.

lynchage médiatique absolument terrifiant. Et pourtant le gouvernement français a autorisé l'égorgement de mille moutons à Bazoches-sur-Guyonne, petit hameau tranquille des Yvelines où j'ai une propriété pleine de moutons et d'autres animaux. J'ai pris ce geste comme une provocation et n'ai pas l'intention de baisser les bras.

Je suis absolument écœurée par cet Aïd-el-Kébir et ne supporterai pas, l'année prochaine, qu'à moins de 500 mètres de chez moi se reproduise le même massacre. Je suis prête pour cela à aller aussi loin que mes forces me le permettront.

Voilà ! Triste bilan d'un triste trimestre.

Mais il faut aller toujours de l'avant et grâce à vous et à votre soutien « on les aura ! ».

*19 mai 1996 – Paris. Une belle soirée au restaurant Le Coupe-Chou pour fêter les 10 ans de ma Fondation. Entourée (à gauche) de ma nièce, Camille Bauchau, et de Ghyslaine Calmels-Bock – ma directrice. Également présents : Frank, François et Bernard d'Ormale, mon mari.*

**Ils n'en sortiront que pour aller à l'abattoir !**

- Arrachés brutalement à leur mère
- Enfermés à vie dans un box sans litière de 81 cm de largeur sans pouvoir se retourner ni même se coucher
- Rendus anémiques en les privant d'une alimentation normale

*... Tout ça pour que leur viande reste blanche!*

## Il n'y a que vous qui pouvez éviter ces souffrances

*Ne mangez plus de viande blanche de veau!*

*Il y a dans les yeux de ce mouton non seulement sa détresse, mais son incompréhension face au calvaire que l'homme lui fait endurer.*

*Pauvres cochons qui vont passer leur courte vie dans cet enfer. Quelle tristesse... Quelle régression par rapport à la paysannerie d'antan ! Tout ça pour du fric !*

# Adieu veaux, vaches, cochons, couvées

Voilà le sombre bilan d'une société dite « évoluée ».

Voici la triste réalité d'une fin de millénaire, d'un siècle considéré comme celui de la science et de la découverte ; la conclusion dramatique des abus excessifs d'une productivité antinaturelle intensive et scandaleuse que les hommes ont fait subir aux animaux dans le seul but d'intérêts financiers toujours plus économiquement avides.

L'homme, cet apprenti sorcier incapable de maîtriser son pouvoir, ce prédateur implacable, ce pollueur insolent de notre planète, celui par qui la destruction arrive, a tant et si mal fait que le cheptel européen est petit à petit exterminé massivement pour cause de folie des humains.

Les élevages intensifs, véritables camps de concentration pour animaux, le martyre de leur transport dans des conditions effroyables, dénoncées à maintes reprises, leur mort atroce dans les abattoirs devenus de véritables usines à la chaîne et leur nourriture carnée provenant de corps et d'os d'animaux malades, y compris de chiens et de chats euthanasiés chez les vétérinaires, ont rendu notre bétail fou et inconsommable.

C'est tant mieux !

Vive le progrès…

Cette bavure de nos gouvernants soumis aux directives européennes, ce scandale qui aurait pu être évité, au même titre que celui du sang contaminé pour le sida, a été occulté car il concernait trop de gros bonnets ; les intérêts immenses qu'il drainait derrière lui auraient encore mis en cause la réputation de personnages hauts placés.

C'est révoltant !

Mais hélas, c'est ainsi.

Pendant ce temps, les terrains en jachère[1] regorgent d'herbes fraîches et de fleurs des champs. Pourquoi les technocrates qui nous dirigent, ne décident-ils pas, une bonne fois pour toutes, de revenir aux vieilles traditions de nos aïeux ? Les vaches dans les prés, leurs petits veaux tétant sous elles ; les mamans truies en liberté, leurs petits cochons respirant l'odeur des fleurs ; les poules, les coqs, les poussins picorant, de-ci de-là, toutes les petites trouvailles qui se cachent sous l'herbe : les pierres, la terre. Leur courte vie serait en accord avec leurs besoins essentiels, et leur abattage permettait aux carnivores que sont les humains de ne pas s'empoisonner par biftecks interposés.

Pour ma part, je trouve désespérant que de bonnes grosses mémères vaches, qui nous donnent leur lait en veux-tu, en voilà, soient malgré leur générosité et leur douceur considérées comme de la « viande sur pied », exterminées dans des conditions tragiques, et transformées en « bidoche sous vide » à des prix défiant toute concurrence dans les grandes surfaces.

Pareil pour les poules qui consciencieusement nous font cadeau, chaque jour, du fruit de leur corps : l'œuf !
Nous devrions nous en contenter, mais non, elles aussi doivent donner leur chair en passant à la chaîne de la mort pour satisfaire nos appétits insatiables.

J'ai une poule apprivoisée qui vit au milieu de mes chiens et de mes chats dans ma maison de Bazoches. Chaque jour, elle emprunte le petit escalier qui mène à ma chambre et me pond un œuf tout propre, tout beau, sur mon oreiller. C'est une

---

1. Terrain non cultivé temporairement pour laisser « reposer » la terre et éviter une production jugée trop importante.

offrande quotidienne. Après elle chante, je la prends dans mes bras et je la remercie.

Réfléchissez-y…

Les animaux sont mes amis et je ne mange pas mes amis.

*Un gros câlin avec mon petit agneau dans la bergerie de Bazoches.*

*Avec Poupoule dans ma chambre à Bazoches. Chaque jour elle m'offrait un bel œuf pondu… sur mon oreiller !*

*Djibouti, 1985 — Ces vaches vivantes en provenance d'Éthiopie pour l'abattoir sont chargées par grappes de 5-6 à l'aide d'une grue. Souvent elles se fracassent en tombant !*

*9 janvier 1962 – Sur le plateau de l'émission* Cinq Colonnes à la Une. *C'est mon premier engagement public pour les animaux et ma première victoire ! Après 10 ans d'attente.*

*Des vaches heureuses, dans un pré, comme au bon vieux temps…*

# Le cannibalisme des hommes

L'histoire tragique qui suit me donne des nausées contre l'espèce humaine.

À Nogent-le-Rotrou, un bœuf a réussi à s'échapper de l'abattoir, avec un autre condamné. Les pompiers et la police, aussitôt alertés, ont entamé une course-poursuite dans la ville et ses environs... Si le premier bœuf a pu être facilement rattrapé, le second a déclenché une véritable corrida qui dura plus de deux heures. Il a finalement été tué à coups de fusil avant d'être ramené à l'abattoir avec son complice d'évasion !

Comment peut-on se conduire d'une manière aussi abominable ?

Comment pouvons-nous accepter que des animaux conscients de la mort qui leur est réservée, arrivant par miracle à se sauver de l'enfer des abattoirs, avec une intelligence exceptionnelle et un instinct faramineux, puissent être abattus sans vergogne, alors que leur pauvre chair ne servira à rien ni à personne.

Contrairement au gibier, les animaux de consommation, doivent être saignés jusqu'à la dernière goutte, cœur battant, plus ou moins conscients, selon que l'on applique la loi que j'ai eu un mal fou à faire voter [1] en 1962.

Je vous fais part de ma détresse devant le cannibalisme des hommes. Oui je sais, le terme est un peu fort mais l'acharnement qu'ils mettent à détruire l'espèce animale pour la manger me fait penser à du cannibalisme !

Pour être un peu plus joyeuse au moment de Noël, je veux vous avouer que j'ai découvert l'extrême délicatesse des poules.

---

1. Le 9 janvier 1962, lors de la célèbre émission télévisée *Cinq Colonnes à la Une*, Brigitte Bardot a proposé l'utilisation d'un pistolet électrique pour étourdir les animaux dans les abattoirs français.

Après avoir élevé mon merveilleux petit canard apprivoisé (sur le tournage de *Viva Maria* au Mexique) dont je parle dans *Initiales B.B.* [1] (j'espère que vous l'avez lu… !), je m'aperçois que les poules sont aussi des petits êtres exceptionnels.

En plus de ma poule apprivoisée (dont je viens de vous parler), qui attrape au vol le matin, au petit déjeuner, les petits biscuits que je distribue à tout le monde, il y a une vieille poule, pas du tout apprivoisée. Elle faisait partie du quarteron de mon coq (à qui il ne faut pas en promettre…), et s'est mise à donner des signes de faiblesse et de vieillesse. Comme il fait froid, je l'ai réchauffée dans mes bras et je l'ai installée dans le panier des chiens contre le radiateur de la cuisine. Je la caresse, lui donne à manger et à boire. Princesse, ma chienne labrador, adoptée fin juillet parce qu'abandonnée et épileptique, se couche contre elle ; elles se tiennent chaud, elles sont heureuses.

Alors pensez à moi si vous achetez un canard, une oie, une dinde ou n'importe quel volatile pour Noël. Dites-vous que c'est la fête de tous, et non pas la mort des uns pour le plaisir des autres.

Quant au foie gras (je vous l'ai tant de fois répété !), il est banni, honni à tout jamais.

*L'oie est un animal super intelligent, extrêmement gentil et très bon gardien. J'aime mes « zoies-zoies » comme mes chiens !*

----

1. Premier tome des mémoires de Brigitte Bardot paru chez Grasset en septembre 1996.

*1965 – Sur le tournage de Viva Maria, au Mexique, j'avais apprivoisé un petit canard qui me suivait partout.*

*1995 – Bazoches. Avec mes canards et mes poneys. Chaque jour, je suis auprès d'eux.*

*À la Garrigue, je suis décidément une vraie fermière !*

# Chronique d'une mort annoncée

Lieu de «spectacle» sanguinaire et brutal, l'arène est une enceinte désertée par l'éthique et le sens moral, un théâtre morbide où la mort se joue en trois actes.

**1er tercio** Les picadors font leur entrée, armés de piques destinées à sectionner ou à cisailler les muscles releveurs de la tête. Le taureau, outre la souffrance endurée, perd alors ses repères, ce qui le rend d'autant plus vulnérable.

**2e tercio** Cette étape barbare met en scène les banderillos qui essoufflent l'animal en provoquant une diminution de son volume sanguin par l'utilisation des banderilles. Plantées dans le dos, elles déclenchent des hémorragies internes accrues par les depla-cements brusques et saccadés du taureau, stimulé par le jeu de cape du toréador. Les nerfs sont eux aussi atteints, portant la douleur à son paroxysme.

**3e tercio** La mise à mort par estocade, où l'épée est plongée au niveau de la "croix" (sommet de l'omoplate droite) pour atteindre la cage thoracique, devrait être le point final à ce crescendo de souffrance et de cruauté, le point final à une mort lente programmée. Or il n'est pas rare que le «matador» s'y reprenne à trois fois.

**FONDATION BRIGITTE BARDOT** 45, rue Vineuse - 75116 Paris

*Ma Fondation participe souvent à des manifestations contre la corrida (ici devant les arènes de Nîmes).*

*Pauvre taureau... La corrida est un « jeu » barbare d'une époque que je croyais révolue. Le sang appelle le sang, la violence appelle la violence. Tradition culturelle, mon cul...*

# Derrière chaque victime se cache un bourreau

Alors que les radios, les journaux et la télévision nous déversent, chaque jour, leurs flots de violences, de meurtres, de viols et autres cruautés de toutes sortes, il me paraît inutile et malsain d'orienter l'esprit des foules vers des spectacles de sang qui entretiennent cet engouement pour le morbide.

Il est stupéfiant qu'à notre époque autant de gens inconscients puissent encore se repaître de la mort, au son des flon-flons et à grands coups de « Olé ! ». Nous vivons vraiment une époque de décadence et de destruction.

Aujourd'hui, les corridas « fleurissent » un peu partout en France dans des villes où la tradition s'était éteinte (ou n'avait tout simplement jamais existé). Elles attirent un public, amateur de sensations fortes, qui durant deux heures assiste aux tortures et à la mise à mort d'animaux innocents.

C'est tragique !

Que les aficionados ne viennent surtout pas me parler de la fierté du taureau à combattre. C'est stupide ! Quant au courage de cet animal, fier et puissant, face à son bourreau en collants roses (« cette danseuse ridicule », comme le chante si bien Francis Cabrel [1]), il n'a pas le choix. Lorsqu'il entre dans l'arène, il ne lui reste que quelques dizaines de minutes à vivre…

L'époque des combats de gladiateurs est lointaine et révolue mais pourtant nous n'en avons jamais été aussi proches. Alors pourquoi, me direz-vous, autoriser encore aujourd'hui la tenue de tels spectacles ? Mais comme pour tout le reste : le fric !

Des arènes pleines à craquer, un prix d'entrée assez cher : les organisateurs s'en foutent plein les poches ! Dans le cas des corridas, l'argent a une odeur, celle du sang et de la mort.

C'est honteux !

---

1. Dans sa chanson *Corrida*, extraite de l'album *Samedi soir sur la Terre* (paru en 1994).

*Été 1995.*
*Avec Bernadette, ma gardienne de Bazoches, ce fut un vrai bonheur de s'occuper de tous ces chiots adorables. Mais nous avons dû les faire adopter et je n'ai gardé que la plus faible : Loupiotte.*

*Diane avec ses petits.*

# Requiem pour Diane

Elle s'appelait Diane.

Nous l'avions connue par hasard : une personne était venue, à la Fondation, dénoncer le cas d'une pauvre chienne (appartenant à un SDF) qui venait d'avoir dix petits, tous plus mal en point les uns que les autres. Elle errait sans nourriture, les mamelles pendouillantes, dans les jardins du Trocadéro.

Immédiatement notre responsable animalière partit sur place et put constater la détresse de cette petite famille dont déjà deux chiots étaient morts. Voulant prendre la responsabilité de leur survie en les ramenant à la Fondation, elle se heurta aux menaces du « maître », un homme à la mine patibulaire qui semblait vouloir jouer du couteau pour préserver ce qu'il appelait son « gagne-pain ». Effectivement, il essayait de vendre à prix d'or les chiots, comptant sur la compassion des passants devant une telle misère.

À force d'obstination et de diplomatie, mon équipe réussit à ramener Diane et ses huit chiots survivants dans les bureaux. Là, un vétérinaire les examina, prescrivit des vitamines, des protéines pour la chienne, et conseilla à mes collaborateurs de donner quatre fois par jour des biberons aux bébés afin de soulager la maman qui était très faible.

C'était en août 1995.

La moitié de mon staff était en vacances.

L'autre moitié passant leurs heures de bureau à pouponner, les petits pissant partout sur la moquette, la pauvre maman, habituée à vivre dehors, souffrant un peu de la chaleur et de l'enfermement, je décidai de prendre tout le monde à Bazoches et de m'en occuper, aidée par Bernadette, ma gardienne. Ce qui nous permit aussi d'éloigner nos protégés de la menaçante présence quotidienne du SDF qui faisait le pied de grue devant la porte de la Fondation, montrant le poing, les dents, réclamant des sommes astronomiques pour vol de chiens, manque à gagner, etc.

À Bazoches, ce fut le bonheur.

Diane s'attacha immédiatement à Bernadette.

Un peu affolée par ma meute, elle préférait suivre ma gardienne comme son ombre. Ce fut un travail prenant mais si charmant que de donner tous ces biberons, de voir ces chiots gambader partout, de les chercher lorsqu'il en manquait un. Diane s'avéra une maman tendre et douce, une compagne fidèle et reconnaissante. Elle devint très belle, grossit un peu, ses mamelles se rétrécirent, ses yeux brillaient, elle était libre, se promenait partout entourée de sa marmaille piaillante et envahissante. Nous avions sevré les petits. Ouf !

Le plus dur fut de m'en séparer lorsqu'ils atteignirent l'âge d'être adoptés.

Comme ils étaient magnifiques et adorables, la Fondation n'eut aucun mal à les placer. Nous continuons à les voir régulièrement.

Seule une petite chienne plus menue que les autres présenta un symptôme de déficience osseuse de la patte avant droite. Après examen, le vétérinaire me confirma que c'était une malformation de naissance, quasiment irréparable, qu'il fallait l'euthanasier. Je m'y opposai et puisqu'elle était handicapée je la gardai et l'appelai Loupiotte. Diane et Loupiotte ne se quittèrent donc jamais, l'une était le portrait de l'autre. C'était drôle et émouvant de voir ces deux chiennes jouer ensemble pendant des heures.

Puis il y eut une confrontation avec le SDF qui avait porté plainte pour vol.

Je me dépêchai de faire opérer Diane. Et Bernadette partit avec elle à la Fondation rencontrer le « maître ». La chienne ne quitta pas ma gardienne d'une semelle et lorsqu'il voulut la prendre elle se cacha en gémissant. Je décidai donc, envers et contre tout, de la garder, puisque justice avait été rendue par Diane elle-même.

Cette chienne vécut heureuse, très heureuse, jusqu'au mois de janvier 1997 où elle commença à avoir des excroissances de chair sur les gencives. On l'opéra mais c'était cancéreux et cela revint huit jours après ! Comme elle était encore jeune, le vétérinaire me proposa une chimiothérapie, et puis il fallait tenter le tout pour le tout. Elle reçut des substances chimiques pendant une demi-journée en intraveineuse, sans bouger, sans gémir. Cela la fatigua beaucoup puis elle se mit à respirer de façon étrange. Après un examen approfondi, le véto diagnostiqua un cancer généralisé foudroyant.

Elle mourut calmement, sans plainte, le matin du 13 janvier.

C'est un hommage à son courage et à sa bonté que j'ai voulu lui rendre. Elle repose dans le petit cimetière sous le pommier. Elle m'a laissé Loupiotte en héritage. Loupiotte qui lui ressemble, Loupiotte qui est sa continuité.

Adieu, Diane.

*Qu'il est mignon ! Ce fut un été heureux grâce à tous mes petits.*

Philippe Vasseur : le seul ministre (de l'Agriculture) avec qui je me suis le mieux entendue. Il nous a beaucoup aidés : il a, entre autres, en 1996, interdit la caudectomie (coupe de la queue) sur les chevaux. Il a quitté la politique écœuré : je le comprends.

Oh, quel amour, ce bébé husky !...

# Un ministre intègre et courageux

Je suis furieuse, triste, découragée !

Depuis deux ans, nous travaillons dur avec M. Philippe Vasseur, ancien ministre de l'Agriculture, qui avait mis au point un projet de loi pour la protection des animaux de compagnie en France. La SPA, Assistance aux animaux, toutes les associations de protection s'étaient mobilisées autour de ce ministre sympathique, le projet devait être soumis à l'Assemblée juste au moment où Jacques Chirac à décidé de la dissoudre [1].

Et nous voilà repartis de zéro !

Il y a de quoi pleurer de rage, de désespoir.

M. Philippe Vasseur était un ministre intègre et courageux. Espérons que son successeur sera à la hauteur et que le projet de loi ne sera pas enfoui sous des piles de dossiers puis oublié...

Les vacances arrivent avec leur lot d'abandons, de détresse et d'euthanasies. Toutes les mesures tendant à empêcher et à punir sévèrement ces dramatiques abandons n'ont pas eu le temps d'être votées.

C'est donc à vous que je demande de faire la loi !

Le monde devient fou, les gens n'assument plus aucune responsabilité, même plus celle de la vie, pourvu qu'ils puissent se défouler sur des plages, oubliant l'essentiel : les yeux d'un chien, la discrète présence d'un chat. Tous ces instants vrais offerts par des animaux de compagnie qui, pour quelques jours d'oubli superficiel d'un monde devenu invivable, paieront de leur vie avec tant de douleur, le prix des « vacances » de leurs maîtres indignes.

---

1. Le 21 avril 1997.

*Manger de la viande de cheval me semble déjà être une abomination mais traiter ces chevaux de cette manière m'écœure profondément. Ne mangez plus de cheval !*

*4 octobre 1998 – La Mare Auzou. En visite au refuge de ma Fondation dans l'Eure, je retrouve mon splendide Crâneur, qui me fait la fête à chaque fois.*

*6 avril 1999 – Le cheval est un anima. noble et fier que j'adore. Ça n'est pas un bifteck !*

# Les milliards du PMU

Le cheval fut avant tout autre animal le meilleur ami de l'homme, celui avec lequel, durant des siècles, il vécut en parfaite harmonie. Un rapport profond, naturel, sans calcul, existait entre l'homme et le cheval, sublimant l'union de deux espèces utiles l'une à l'autre.

De cet échange, il ne reste aujourd'hui qu'un statut prétendument privilégié car même « la plus noble conquête de l'homme » ne trouve plus grâce aux yeux de ceux qui vivent de ses souffrances, la font courir, travailler et l'exploitent dans des conditions inadmissibles.

Aucune des disciplines pour lesquelles le cheval est utilisé n'est innocente. Derrière, il y a toujours un intérêt, qu'il soit financier ou scientifique.

Le cheval, devenu source de profit, se doit d'être performant coûte que coûte. Sa vie, totalement dénaturée, ne tient qu'au fil des exploits permanents qui sont exigés de lui. Le surentraînement, le dopage, les coups, les punitions, l'utilisation d'accessoires de torture sont monnaie courante et contraignent les chevaux à se dépasser, à aller bien au-delà de leurs limites. Ces méthodes criminelles et dégradantes pour ceux qui en font usage conduisent la plupart des chevaux à la défaillance fatale.

Pour un animal blessé, aucune possibilité de sauvetage n'est envisagée, aucune pitié. Il est « retiré du circuit » et finit généralement à l'abattoir où son dernier souffle de vie sera encore gage de rentabilité.

Il n'est pas de bataille pour le respect de la vie qui mérite autant votre intérêt et votre mobilisation.

Écrivez au Premier ministre français, pour qu'il propose de prélever annuellement un pourcentage sur les milliards rapportés par le PMU à l'État afin d'éviter la boucherie aux chevaux qui ont donné toute leur vie aux entraîneurs, aux jockeys et aux parieurs.

Mais usez aussi de votre libre choix !

Ne mangez plus de viande de cheval.

Boycottez les clubs qui ne respectent pas leurs chevaux et les envoient à l'abattoir.

Refusez de monter des chevaux en mauvais état.

Protestez contre les mauvais traitements dont vous pouvez être témoins.

Soutenez les petites associations qui sauvent et protègent les chevaux.

N'oubliez jamais que l'on peut toujours trouver un morceau de pré quelque part pour sauver un cheval.

Redevenons dignes de lui, le cheval, notre ami.

*Le Palio de Sienne (Italie). Une tradition qui dure depuis le XVII<sup>e</sup> siècle, impossible à interdire. Chaque année, des dizaines de chevaux sont atrocement blessés dans cette course de folie qui est organisée sur la grande place de Sienne, en juillet. Chaque quartier de la ville est représenté par un cavalier. Avant la course, l'Église bénit même les participants...*

# Elle s'appelait Duchesse

Ma jument, ma seule et unique jument, ma Duchesse, mon adorée est arrivée dans ma vie en mars 1981. Elle avait 24 ans déjà et partait pour l'abattoir ; elle avait été vendue à un maquignon par un manège de Neauphle-le-Château parce qu'une faiblesse de l'antérieur droit l'empêchait de trottiner avec des clients sur le dos !

J'offris une somme minime, mais supérieure à celle de cet enfoiré de maquignon et me retrouvai à Bazoches, face à une superbe jument dont je fus responsable à la vie, à la mort, malgré (je dois l'avouer...) une trouille épouvantable des chevaux. Il y eut un miracle comme il y en à chaque fois que je me trouve confrontée à un problème dramatique. Cette jument dut comprendre son salut, et, bien que noble, digne et indépendante comme pas une, elle commença à vivre avec moi une complicité, ainsi qu'avec Cornichon, mon petit âne, les chèvres et les moutons.

C'était le paradis terrestre à Bazoches.

Elle répondait à son nom, venait frotter son chanfrein contre mon visage. Nous nous apprivoisions l'une l'autre, à tel point que j'eus le culot de la monter à cru, alors qu'avec selle, mors et rênes, j'avais eu des frayeurs paniques sur d'autres chevaux. Perchée sur son échine tandis qu'elle paissait tranquillement, je contemplais de haut mes labourages et mes pâturages.

Puis vint l'hiver.

Je partis pour Saint-Tropez, la laissant à des gardiens qui ne purent empêcher la pluie de tomber, l'humidité de croître et ma Duchesse d'en subir les conséquences. Je la fis donc rapatrier vite fait, bien fait avec deux « moutonnes », cinq chèvres et Cornichon, son compagnon, par une association [1] efficace qui

---

1. Groupement pour la recherche des équidés volés.

mit deux bétaillères à ma disposition gratuitement et me les ramena sains et saufs à La Garrigue [1], où le soleil et le temps chaud les remirent vite sur pied.

Duchesse fut l'âme et la reine de La Garrigue pendant quinze ans.

Elle vit mourir Cornichon, puis les deux brebis et les chèvres de vieillesse. Elle s'habitua à Mimosa, la petite ânesse qui remplaça un peu Cornichon ; elle accepta Ficelle, la petite ponette martyre que la SPA me confia. Duchesse fut pendant sa magnifique existence responsable et dirigeante de toute une tribu d'animaux qui se soumettaient, la suivaient et l'aimaient. Elle avait un caractère fort comme son physique, mais elle apprit à comprendre mon langage comme je comprenais le sien. Moi seule pouvais l'emmener sur la plage mettre ses pattes dans la mer ; moi seule pouvais la doucher par les grandes chaleurs avec un tuyau d'arrosage ; moi seule pouvais la prendre par le licol pour la ramener à la maison alors qu'elle partait, suivie de toute la tribu, sur la route qui descend vers le centre de Saint-Tropez. Alors les voisins m'appelaient, ne sachant que faire.

Et puis, immortelle, belle, noble, digne, indépendante, aimante et douce, elle subit, le 10 août de cette année 1997, une chaleur implacable. Je la vis ce jour-là, immobile sous un arbre merveilleux, souffrant comme nous tous d'une canicule effrayante. Seule son admirable queue (qui ressemble à ma chevelure) et sa crinière semblaient vivantes pour chasser d'éventuels insectes et lui donner un peu d'air.

Le lendemain, je la retrouvai, inanimée, à l'endroit où elle se tenait.

Elle est morte debout d'une crise cardiaque.

Elle avait 40 ans !

---

1. Deuxième propriété de Brigitte Bardot à Saint-Tropez, remplie d'animaux de ferme ; située à quelques kilomètres de la célèbre Madrague.

C'est avec elle, pour elle que je supplie les gens de ne plus manger de cheval.

Pour moi Duchesse, ma jument, c'est ma fille.

*Duchesse, mon adorable rescapée de l'abattoir, et ma chèvre Marguerite sortie du même sort.*

*Duchesse passe son nez par la fenêtre de ma salle de bains de La Garrigue pour voir si tout va bien.*

**Le foie gras :
ça me gave !**

*Canards et oies sont gavés jusqu'à étouffement pendant des
semaines pour que leur foie hypertrophié finisse dans votre assiette.*

**Le caviar :
un festin cruel !**

*Menacés d'extinction, dans une mer polluée, les esturgeons sont
surexploités par la mafia, illégalement et sans contrôle d'hygiène.*

**Ce n'est pas la fête pour tout le monde !
Le vrai luxe, c'est refuser.**

# Tchin-tchin !

Noël est là !

Noël si magique, cette fête qui pourrait être si belle mais qui, hélas, engendre, chaque année, pour les animaux tant de souffrances. Pour les chapons, c'est aussi cruel que pour les oies ou les canards. On arrache à vif, à la chaîne, les testicules des jeunes poulets afin qu'ils grossissent anormalement.

Leur souffrance est infinie.

Ne croyez pas que vous pouvez vous jeter sur le caviar, ces petits œufs d'or noir qui parent les tables et sont synonymes de luxe et de fête grandiose. Outre son prix prohibitif qui engraisse les mafias russe, iranienne et leurs intermédiaires, le caviar est prélevé directement du ventre des femelles esturgeons dans des conditions d'hygiène et d'insalubrité plus que précaires ; quant à la souffrance, je vous la laisse imaginer. Ces millions de femelles tuées, ces milliards d'œufs vendus sur le marché mondial mettent l'espèce en danger imminent de disparition.

La Fontaine a écrit : « Ne tuez pas la poule aux œufs d'or... » Moi, je vous dis : « Ne tuez pas l'esturgeon aux œufs d'or ! »

Personne n'est innocent dans la grande calamité de la disparition des espèces, dans l'immense douleur qui s'abat sur le règne animal, sur la destruction de la nature.

Chacun de nous doit être conscient et responsable.

Je vous supplie d'écarter définitivement certains menus de vos repas de réveillon et de ne pas penser (comme bien des faux-jetons) que puisqu'ils sont déjà morts pourquoi ne pas en profiter. Allez, ne soyez pas tristes, il vous reste bien d'autres choses délicieuses pour vos agapes de Fêtes.

Moi, je lève mon verre de champagne pour trinquer avec vous, vous remercier de nous être fidèles, vous dire combien je souhaite que le Père Noël vous gâte ainsi que vos petits compagnons à quatre pattes.

Tchin-tchin !

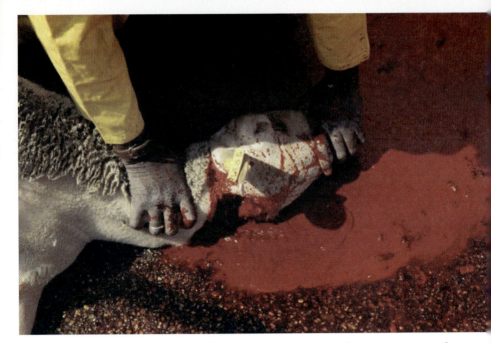

*L'horreur absolue ! Chaque année, c'est le même rituel, tragique, sanglant qui pourrait être réglementé pour qu'au moins l'animal ne souffre plus. J'attends depuis vingt ans que les ministres concernés fassent le minimum si urgent.*

*19 décembre 1996 – Entourée de mes deux amis les plus fidèles, de mon avocat, de ma directrice Mme Calmels et de mon mari, Bernard, j'arrive – très angoissée – au tribunal de Paris pour être « jugée » pour mes propos contre l'Aïd-el-Kébir. Jamais personne ne me fera taire !*

# La puissance d'un lobby

Si on fait le bilan de tous les combats menés par ma Fondation en 1997 et les résultats obtenus, on a envie de se prendre la tête et de se la taper contre les murs !

Non seulement nos gouvernements successifs (de droite comme de gauche) font la sourde oreille mais nos mouvements de révolte, nos manifestations, nos pétitions, et même mes provocations concernant (notamment) les égorgements de l'Aïd-el-Kébir, ont été de tristes coups d'épée dans l'eau. J'ai même été personnellement traînée en correctionnelle pour « racisme » deux fois de suite [1] et condamnée à de fortes amendes, ce que je trouve scandaleux.

Nous nous heurtons à de puissants lobbies comme l'industrie pharmaceutique et cosmétologique qui règnent en magnats despotiques sur l'économie mondiale, à des déchaînements haineux des ligues antiracistes, à la force étatique d'une véritable armée que sont les chasseurs, à la folie destructrice qui supprime par centaines des troupeaux, par millions des poulets, avec l'indifférence glacée que donne la bonne conscience technocrato-européenne !

La mort industrialisée fait partie du ronron administratif.

Mais qui se soucie de l'animal ?

Qui pense que tous ces sacrifices ridicules, inutiles, sont faits sur des êtres de chair et de sang, considérés comme des objets de rapport, des objets douloureux mais vivants, exterminés par vengeance, par esprit de supériorité de l'homme sur l'animal pour assouvir ce besoin impétueux de tout détruire.

---

1. Le 19 décembre 1996 (17ᵉ Chambre correctionnelle du tribunal de Paris), Brigitte fut relaxée en première instance mais condamnée en appel.
Le 2 décembre 1997 (toujours à Paris), condamnée en première instance.

J'ai le vertige, un vertige cosmique, sidéral.

Toutes ces vies animales condamnées par l'homme rejoignent dans mon esprit les milliards d'étoiles de la Voie lactée et posent la même question : pourquoi ?

Début avril se déroulera encore l'épouvantable Aïd-el-Kébir. Ce jour-là, mon impuissance atteindra le summum de ma désolation, de ma peine, de ma détresse.

Il faudrait que nous formions, à notre tour, un lobby.

Il faudrait que nous arrivions à atteindre une puissance qui nous permette de nous faire entendre, d'exercer comme les chasseurs un chantage électoral, comme les fourreurs une pression médiatiquement reconnue, que nous puissions exiger que les lois françaises ne soient plus bafouées ni nos revendications ridiculisées et méprisées.

Bien que l'opinion publique nous soit favorable, nous sommes trop éparpillés, pas assez nombreux ni assez concernés. Bâillonnés ! L'amour des animaux ne fait pas lever une armée, il ne fait que soulever le cœur mais quelle place tient le cœur dans notre société matérialiste et déshumanisée ?

Il faut que vous m'aidiez !

Je suis un peu démoralisée, je voudrais que nous soyons nombreux, plus nombreux, très nombreux afin de tenir tête farouchement à tous ces assassins pour arriver au but que je me suis fixé et que je voudrais absolument atteindre avant de quitter cette terre.

Adhérez massivement aux associations, mobilisez-vous, faites passer le message, regroupons-nous, je le répète : l'union fait la force ! Chaque nouveau membre est un maillon d'une chaîne qui mènera à la victoire.

Seule, je suis impuissante. Merci.

*Février 1998 – Avec le président roumain, Monsieur Emil Constantinescu. Je l'ai supplié de promulguer une loi pour la protection des animaux. J'ai évoqué avec lui les problèmes des chiens errants et des refuges insalubres de Bucarest.*

*Bucarest (Roumanie). Conférence de presse à l'université de médecine vétérinaire.*

*Ces deux popes m'ont servi de guides dans leur superbe église orthodoxe.*

*Moment de répit et de tendresse dans un refuge en détresse.*

*15 juin 1998 – Paris. Rencontre chaleureuse avec Sa Sainteté le dalaï-lama qui a accepté d'être l'unique membre d'honneur de ma Fondation en 1995. Il m'a offert une écharpe de soie blanche (« khatag ou kata »), symbole de l'amitié au Tibet, en signe de bénédiction. À mes côtés, ma directrice, Mme Ghyslaine Calmels-Bock.*

# Des exemples de sagesse et d'humanité

Les « vacances », les « loisirs » s'étant développés en pointillés tout au long de l'année ont fait perdre aux hommes le sens des responsabilités, leur laissant à la place du cœur un « robot touristique » avide de consommations de kilomètres d'où les animaux sont souvent exclus.

Cette année, les abandons n'ont jamais été aussi nombreux.

La sensibilité humaine est en voie de disparition comme du reste la plupart des sentiments qui firent de l'homme un être humain. En connaissez-vous encore beaucoup, de véritables « humains » ?

Parmi les écrivains célèbres qui aimaient les animaux, j'en ai retenu quatre.

Jean Anouilh [1], qui fait dire dans *La Sauvage*, une de ses pièces de théâtre :

*Il y aura toujours un chien perdu quelque part*
*qui m'empêchera d'être heureux.*

Francis Jammes [2], lui, a déclaré :

*Il y a dans le regard des bêtes une telle douceur*
*que mon cœur s'ouvre comme un hospice*
*à toutes les douleurs animales.*

---

1. Auteur dramatique français (1910-1987). Brigitte Bardot a eu le privilège de jouer une de ses pièces, *L'Invitation au château*, en 1953.
2. Écrivain français (1868-1938). Ses romans et ses poésies chantent la nature et la foi catholique.

Et aussi Émile Zola [1] :

*Pourquoi la souffrance d'une bête*
*me bouleverse-t-elle ainsi ?*
*Pourquoi ne puis-je supporter l'idée qu'une bête souffre*
*au point de me réveiller la nuit, l'hiver,*
*pour m'assurer que mon chat a bien sa tasse de lait ?*
*Pourquoi la rencontre d'un chien perdu*
*dans une de nos rues tumultueuses*
*me donne-t-elle une secousse au cœur ?*
*Pourquoi la vue de cette bête allant et venant,*
*flairant le monde, effarée,*
*visiblement désespérée de ne pas retrouver son maître,*
*me cause-t-elle une pitié si pleine d'angoisse*
*qu'une telle rencontre me gâte absolument*
*une promenade ?*

Enfin l'immense Victor Hugo [2] :

*Vous ne serez jamais et dans aucune circonstance*
*tout à fait malheureux*
*si vous êtes bon envers les animaux.*
*Aimez les bêtes car le Seigneur leur a donné*
*une joie innocente.*
*Ne troublez pas leur bonheur, ne les tourmentez pas,*
*n'allez pas contre la volonté du Créateur.*
*Homme, ne t'élève pas orgueilleusement*
*au-dessus des animaux.*

Ils furent tous les quatre de grands hommes et restent des exemples de sensibilité, de sagesse et d'humanité.

---

1. Écrivain français (1840-1902) spécialisé dans la description des faits humains et sociaux.
2. Écrivain et poète français (1802-1885).

Le mot « vacances » me fait horreur ; malgré tout, je vous les souhaite reposantes, sereines, douces, pleines de léchouilles de toutous et de ronrons de chats.

Je sais que vous n'abandonnerez jamais votre animal, vous !

En 1997, plus de 39 600 chiens et plus de 16 500 chats ont été abandonnés uniquement dans les refuges nationaux.

Ça fait froid dans le dos…

*Venue encourager les adoptions dans un refuge, il m'est impossible de ne pas prodiguer caresses et câlins à tous ces petits malheureux.*

*Un « spectacle » obscène où des animaux sont sacrifiés*
*dans une orgie de sang, de débauche. IGNOBLE !*

*Hermann Nitsch,*
*le diable !*

*31 juillet 1998 – Hôtel Bristol à Vienne (Autriche). Je suis allée sur place dénoncer l'atroce « spectacle » de cet « artiste », fort reconnu mondialement, mais je me suis heurtée à un mur d'incompréhension ! Seule une association locale m'a soutenue… Je suis écœurée.*

# Les orgies mystérieuses de Nitsch

Après vingt-cinq ans de protection animale pure et dure, on croit avoir atteint le summum de l'horreur et on s'aperçoit qu'on n'a fait que l'effleurer.

Malheureusement les faits sont là !

Un soi-disant artiste autrichien, Hermann Nitsch, subventionné par son gouvernement, égorge devant 2 000 spectateurs des vaches, des moutons et des porcs. Tout ça, sur fond de musique wagnérienne, pour composer des tableaux de viscères, de sang, de crucifixions et d'orgies rocambolesques !

Je suis allée sur place [1], en Autriche, tenter d'interdire cette horreur et je me suis heurtée à des journalistes tétanisés, muets, presque vindicatifs devant ma révolte. En fait, je dénonce, une fois encore, l'inacceptable qui dure depuis trente ans et je dérange ce M. Nitsch, très prisé par les pouvoirs publics qui, baignant eux-mêmes dans le sang des bêtes, ne peuvent que le soutenir dans ses « orgies mystérieuses ».

Tout ça est d'une dégueulasserie à rendre malade.

Comment des êtres dits humains peuvent-ils, à ce point, être corrompus, cruels et indignes du nom qu'ils portent ?

À peine revenue de cette descente aux Enfers, voilà que j'apprends, stupéfaite, que le préfet du Var a décrété que la chasse aux sangliers serait ouverte dès le 15 août, soit un mois avant l'ouverture officielle ! Tout ce tintouin pour décimer des bêtes provenant d'élevages, mises sur le terrain, apprivoisées par l'homme, croisées comme leur nom l'indique avec des cochons : les « sanglochons ».

---

1. Alertée par le Prince Sadruddin Aga Khan, président de la Fondation Bellerive, Brigitte Bardot s'est déplacée, le 31 juillet 1998, à Vienne où elle a tenu une conférence de presse.

Alors j'ai écrit ma révolte à Dominique Voynet, actuelle ministre de l'Environnement, qui ne m'a toujours pas répondu. Les nombreux touristes, les propriétaires de résidences secondaires, toute cette population pullulante dans le Var en été a, elle, réagi. Mais de la ministre « verte », point de réaction ! Heureusement, j'offre aux sangliers épargnés par la canicule et les battues le bonheur de se remettre de leurs émotions chez moi, à La Garrigue, où ils trouvent l'apaisement, la nourriture et l'eau qui leur sont indispensables.

Un peu de joie avec l'arrivée chez moi d'un petit cochon trouvé fin juillet sur le bord de la route. Ce petit être adorable de 3 mois se prend pour un chien. Il s'appelle Marcel et répond à son nom. Il fait partie intégrante de ma meute, suit les promenades et dort sur le canapé du salon. Il affectionne particulièrement la douche au jet d'eau et les déjeuners à l'ombre sous la tonnelle où, comme ses copains toutous, il attend, au pied de la table, la distribution de friandises.

Quand je pense que le jour de la Saint-Marcel, chaque année le 16 janvier, des fermiers tuent le cochon, je me demande comment ils font pour sacrifier un si gentil animal, intelligent comme un chien, un membre à part entière de la famille.

*Nobody's perfect !*
Hélas.

*Avec Marcel à La Garrigue. Tout bébé, il se comportait comme un petit chien.*

*Mai 2000 – La Garrigue. Tous les soirs, des sangliers sauvages viennent partager la nourriture de mes cochons. À force de patience, j'ai réussi à m'approcher d'eux et depuis ils mangent près de moi sans aucune crainte.*

*La Garrigue. Avec mon cochon, Marcel, devenu adulte. Petit, il pouvait rentrer à la maison et dormir sur le canapé, mais maintenant, c'est plus difficile...*

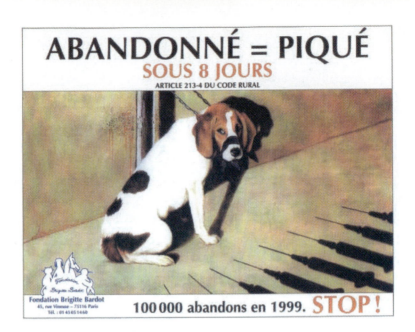

**ABANDONNÉ = PIQUÉ**
SOUS 8 JOURS
ARTICLE 213-4 DU CODE RURAL

Fondation Brigitte Bardot
45, rue Vineuse – 75116 Paris
Tél. : 01 45 05 14 60

100 000 abandons en 1999. STOP !

*19 novembre 1998
Édimbourg (Écosse). Avec
M. et Mme Swankie et leur
petite Woofie. Cette adorable
chienne allait être
condamnée à mort pour
avoir aboyé contre le
facteur ! Je me suis présentée
devant la Haute Cour
d'Édimbourg pour demander
sa grâce et j'ai eu gain de
cause !*

*Le lendemain, toujours en Écosse,
devant la stèle de Bobby.
Ce chien fidèle a passé
quatorze ans de sa vie sur la tombe
de son maître disparu.
Il repose à côté de lui désormais.*

# Ne l'abandonnez jamais

Fin d'année, fin de siècle et de millénaire, fin des haricots !

À croire que nous marchons à reculons dans cette société décadente où tout se dégrade au fil du temps qui passe et qui trépasse.

Jamais il n'y a eu autant d'abandons que cette année 1998. Les refuges sont saturés, la SPA a fermé ses portes et nous croulons sous l'avalanche quotidienne de toutous et de chats qu'on nous apporte à la Fondation.

Toutes les excuses sont bonnes, tous les prétextes invoqués. Cela va du déménagement au divorce, en passant par l'allergie subite aux poils, l'aboiement qui dérange les voisins, la taille « énôôôôrme » du petit chiot devenu naturellement adulte, la corvée du pipi indispensable au moins trois fois par jour, enfin j'en passe et des meilleures !

Sans parler du chien pris « à l'essai » qu'on nous ramène au bout de trois jours pour le changer contre la taille en dessous ! Et pendant que la maîtresse (ou le maître) accuse son chien de tous les maux à grand renfort de gestes et de larmes de crocodile, le brave toutou, assis sagement sur son petit derrière, attend patiemment de rentrer chez lui. Il ne sait pas, le pauvre, qu'il ne verra plus celle (ou celui) qui est toute sa vie, qu'il restera accroché par sa laisse au pied du bureau, abandonné par ses « parents » qui s'en iront, enfin soulagés d'un poids, sans un regard en arrière ni une ultime caresse pour lui. Fou de douleur et d'anxiété, il essaiera par tous les moyens de les rejoindre, hurlant à la mort sa peine, tirant comme un dingue sur sa laisse, entraînant parfois le bureau dans ses efforts désespérés pour les suivre.

Il m'est (hélas…) arrivé bien souvent, trop souvent, d'assister à ce genre de scène à la Fondation.

Dans ces cas-là, je n'y vais pas par quatre chemins et je dis, dans mon langage cru et spontané, ce que je pense à ceux qui ont la lâcheté, l'égoïsme, l'hypocrisie, l'ignominie d'abandonner leur animal. Les insultes fusent et je me retiens pour ne pas leur botter le cul, à ces dégueulasses. Leur réponse est toujours la même : « Puisque c'est comme ça, on va aller l'abandonner au coin de la rue, ou dans une forêt quelconque. »

Pire, il y a le chantage à l'euthanasie.

Que faire devant une telle détermination, si peu de cœur, ce manque total de sensibilité ?

Alors nous gardons l'animal, nous essayons de lui donner des petits gâteaux ou un bol de lait, nous lui parlons, jouons à la balle, nous le caressons avec des mots tendres ; nous nous heurtons à son inquiétude, sa nervosité, son stress, son déchirement, son mal profond, ses yeux tristes, sa recherche d'odeurs familières, ses pleurs, ses gémissements, sa douleur qui devient la nôtre.

Alors, on en a assez de partager ces détresses incessantes, marre de voir tous ces pauvres animaux ballottés comme de vulgaires objets, ces regards si confiants mais si tristes, ces rejetés, ces oubliés, ces SDF du cœur, ces sentiments de fidélité et d'amour, bafoués, gâchés, saccagés par des êtres vils et irresponsables qui détruisent, brisent à jamais le fil si fragile qu'est le bonheur d'un être naïf et pur.

Nous dirigeons ces animaux abandonnés vers notre ferme de Normandie (La Mare Auzou), où ils attendront un maître dans des conditions de soins, de liberté et de chaleur humaine exceptionnelles. Ailleurs tant d'autres seront jetés dans des cages exiguës et malpropres, livrés à des chiens dominants qui les blesseront ou les empêcheront de se nourrir, les laissant définitivement irrécupérables, stressés, soumis, craintifs ou subitement agressifs. Certains seront euthanasiés parce que trop vieux, trop fragiles, trop tristes, trop encombrants, trop aboyeurs, trop galeux, trop tout quoi !

D'autres seront vendus aux laboratoires.

Ils finiront leurs jours méticuleusement découpés, bardés de tuyaux qui injecteront dans leurs pauvres corps tous les poisons pharmaceutiques jusqu'à ce que mort s'ensuive et que l'autopsie éclaire la science sur les doses raisonnables que l'homme pourra supporter. Ils seront aussi brûlés au 3ᵉ degré, dans des fours spéciaux, afin que sur leurs plaies répugnantes et palpitantes, on teste à vif les antidouleur qui soulageront, plus tard, les victimes du feu.

On leur fera ingurgiter de la Javel, des produits ménagers, des désherbants, on leur ouvrira la boite crânienne, on enlèvera leurs yeux de leurs orbites afin d'étudier leurs réactions dans un bocal de formol, on leur injectera le sida, l'ébola [1] et tous les virus créés par l'homme, pour que leurs organismes, sains et non contaminés, apportent en se décomposant à leur tour l'espoir d'un traitement pour les humains.

Ceux qui ont de beaux pelages seront pendus haut et court, afin que l'épouvante de cette mort lente redresse et gonfle leurs poils, qui deviendront alors de superbes fourrures « MADE IN ITALY ».

Alors, ça suffit !

Il faut cesser de jouer ainsi avec la vie de nos plus fidèles compagnons. Il faut prendre un chien comme un enfant, le garder et l'aimer jusqu'à sa mort.

Mais je vous en supplie, lorsque vous l'aurez choisi, ne l'abandonnez jamais, jamais !

Il peut s'adapter à n'importe quelle situation du moment qu'il est auprès de vous. Je vous remercie de comprendre ce douloureux problème.

Je vous souhaite de trouver le bonheur avec un chien ou un chat pour cette nouvelle année 1999 !

---

1. Virus d'Afrique responsable d'une infection contagieuse et épidermique grave, caractérisée par de la fièvre et des hémorragies.

*Je garde un souvenir ému de mes rencontres avec les loups (en mars 1991 et, ici, en juin 1996).*

*Dans les années 70, à Bazoches, avec un de mes moutons. À cette époque, on ne parlait pas encore de l'Aïd-el-Kébir en France...*

*À La Garrigue, ma deuxième propriété de Saint-Tropez, j'ai fait construire des bergeries (comme à Bazoches). Dieu seul sait le nombre de nuits que j'ai passées auprès de mes animaux malades. Ici avec Couffinette, la petite agnelle.*

# Le loup, le patou et les bergers

Si La Fontaine [1] était encore de ce monde, il aurait pu en faire une fable. Mais l'époque des bergers qui défendaient leurs troupeaux contre les loups et autres intrus est révolue.

Aujourd'hui, l'homme, seul prédateur reconnu de la planète, a gagné cette place en exterminant, au fil du temps, ceux qui avaient l'audace de s'attaquer, pour leur survie, aux proies qui dorénavant sont uniquement réservées aux plaisirs, aux loisirs humains.

Pourtant, depuis que le monde est monde, il y eut des moutons, des bergers et des carnassiers contre lesquels on protégeait les troupeaux. Cela s'appelait l'équilibre de la chaîne écologique de la nature et on faisait avec ! Pourtant les moyens étaient primitifs, on utilisait la fourche à loups, toujours présente à la porte des fermes isolées, puis on prit le fusil à un coup ! Il fallait être un bon tireur.

Les chiens, présents depuis des siècles, aidaient l'homme à protéger les bêtes, ils faisaient leur « métier » de chien de troupeau, on ne leur demandait pas de sortir de Polytechnique ! Ils se transmettaient ce savoir-faire de génération en génération comme les hommes se léguaient de père en fils le merveilleux héritage de la paysannerie. Puis les paysans sont devenus agriculteurs, et les bergers éleveurs.

Le progrès a déstabilisé les coutumes.

Le fric règne en maître dans un univers terrien où on ne le trouvait qu'en travaillant et en prenant de la peine si je me réfère au fameux *Laboureur et ses enfants* de La Fontaine. Le loup a été réintroduit parce qu'il manquait. Toute race est sur la Terre pour une raison précise et indispensable à la survie de la

---

1. Poète français (1623-1695), auteur des célèbres *Fables* où les animaux ont les rôles principaux.

planète. Ne soyons donc pas « racistes » envers les animaux pas plus qu'envers les humains.

Les éleveurs français qui se disent encore « bergers » ne pensent qu'aux primes que l'État leur alloue lorsqu'un « loup » massacre leurs brebis.

Du loup, il n'y a pas trace !

En Italie, où il est réintroduit depuis des années, les problèmes ne se posent pas. Mais en France, on crie « au loup » avant même de savoir de quoi il retourne.

Les patous, braves chiens de troupeaux, ont la mission de protéger les bêtes, ils le font avec cœur ; ils ont au fond d'eux une « conscience professionnelle » admirable et s'en prennent avec véhémence à tout intrus pouvant se révéler être un ennemi.

Mais ça ne plaît pas car cette protection rapprochée va priver les éleveurs de leurs primes payées par les contribuables. Alors, haro sur le patou : c'est un mordeur, un chien dangereux qui risque de s'en prendre aux promeneurs, aux touristes !

Mais où sont-ils donc, tous ces gens-là ?

Au beau milieu d'alpages perdus ?

Vous nous prenez vraiment pour des cons, messieurs les éleveurs, bergers et néanmoins chasseurs. On vous mettrait un bataillon de gendarmerie pour garder vos moutons que ce serait certainement les gendarmes qui seraient le motif de vos revendications !

Et Dieu sait que j'aime les moutons…

Pour les protéger des massacres de l'Aïd-el-Kébir, vous vous souvenez, je me suis même retrouvée deux années de suite devant la 17e Chambre correctionnelle du tribunal de Paris, mais il ne faut pas pousser !

*Juin 1996 – Lors de l'inauguration du Parc aux loups en Lozère. En
grande discussion avec Gérard Ménatory.*

Les couteaux lui restaient au flanc jusqu'à la garde,
Le clouaient au gazon tout baigné dans son sang ;
Nos fusils l'entouraient en sinistre croissant.
Il nous regarde encore, ensuite il se recouche,
Tout en léchant le sang répandu sur sa bouche,
Et, sans daigner savoir comment il a péri,
Refermant ses grands yeux, meurt sans jeter un cri.
(…)
Hélas ! ai-je pensé, malgré ce grand nom d'Hommes,
Que j'ai honte de nous, débiles que nous sommes !
Comment on doit quitter la vie et tous ses maux,
C'est vous qui le savez, sublimes animaux.

Extrait de *La mort du loup*
Alfred de Vigny (1797-1863)

*1956 – Sur le tournage du film
Et Dieu créa la Femme, il y avait des
moutons et je les aimais déjà
énormément…*

*Gringo, qui fut trouvé moribond sur une plage en Corse*
*et Cornichon, mon âne, merveilleux cadeau d'anniversaire !*

*Avec Wendy, la petite chienne de mon amie Yvonne. Je l'avais recueillie à*
*la mort de sa maîtresse.*

# Tout va très bien, Madame la marquise

Ce début d'année fut pénible, deux de mes chiens les plus aimés, les plus âgés, sont morts.

Gringo le Corse, trouvé mourant sur une plage de Girolata [1] en 1984, atteint d'une septicémie et d'une purulence telle que je crus qu'un vieux tapis était là, sur le sable, en train de sécher. Soigné, bichonné, adoré, il devint mon ombre. Plus jaloux qu'un amant, il attaquait tous ceux qui m'approchaient et fut à l'origine de bien des bagarres dans lesquelles je faillis à plusieurs reprises laisser un doigt ou une partie de ma main.

Il ne s'est pas réveillé le matin du 28 janvier 1999.

Il avait 16 ans.

Wendy, ma petite Westie que mon amie Yvonne m'avait confiée lorsque le cancer l'emporta en mars 1995 ; Wendy, diabétique et aveugle à la suite du stress ressenti à la disparition de sa maîtresse, mais qui grâce à un fort caractère s'était parfaitement acclimatée à sa nouvelle vie en communauté ; Wendy, plus fragile, plus petite, qui nécessitait plus de soins mais portait allégrement ses 15 ans, fut subitement terrassée par une crise cardiaque le 8 février. Ce fut pour moi doublement triste car, à travers elle, c'est Yvonne que je perdais une seconde fois.

Rien n'est fait pour me remonter le moral…

Les bébés phoques… l'Aïd-el-Kébir… les tourterelles du Médoc… les sangliers du Var…

Il y a aussi le trafic de l'ivoire, qui a repris dans certains pays d'Afrique (Botswana, Namibie et Zimbabwe [2]) et au Japon. Ainsi les éléphants, protégés par l'Annexe I de la convention de

---

1. Cet émouvant sauvetage a été raconté en détail dans *Le Carré de Pluton*, *op. cit.*

2. Même s'il n'y a plus que quelques pays qui « déclassent » les éléphants, cela permet, malheureusement, le commerce et les trafics internationaux dans d'autres pays…

Washington, sont passés subitement en Annexe II par décision de la CITES[1]. Résultat : on braconne de tous les côtés, on massacre à tour de bras, on rattrape le temps perdu…

Les baleines, qui devraient être définitivement à l'abri de tout danger, continuent (malgré les mesures adoptées par la Commission baleinière internationale) d'être chassées par le Japon (sous couvert de chasse « scientifique »), par la Norvège et la Russie, cette dernière utilisant son quota pour fournir en aliments ses fermes d'élevage de renards destinés à la fourrure.

Les fourrures de chiens et de chats, très à la mode, envahissent les marchés sous différents noms exotiques, porteurs d'une douleur, d'une infamie, d'une indignité et d'une cruauté révoltantes.

Mais, à part ça, tout va très bien Madame la marquise, tout va très bien…

*Fin des années 70 à Bazoches.*

---

1. Convention sur le commerce international des espèces de faune et de flore sauvages menacées d'extinction, signée à Washington en mars 1973 entre 140 États. Elle classe les espèces en quatre Annexes suivant l'importance de la menace de disparition qui pèse sur elles.

Octobre 1989 – Une de nos premières grandes campagnes d'affichage, après la diffusion du S.O.S. éléphants *qui avait alerté le public sur le sort tragique des éléphants d'Afrique menacés d'extinction par le commerce de l'ivoire.*

En 1976, à l'occasion de la sortie du livre de René Barjavel BB, amie des animaux, j'avais fait une série de photos à Thoiry.

# 800 MILLIONS D'ANIMAUX MEURENT CHAQUE ANNÉE !

## CONSOMMATEURS, RÉAGISSEZ !

**N'achetez plus les marques qui testent les produits sur animaux !**

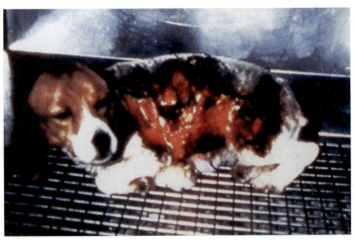

Honte à ceux qui pratiquent encore au nom de la science, cette TORTURE abjecte, ce crime ignoble !!!

# Science sans conscience

Alors qu'impuissante devant la mort de nos compagnons à quatre pattes je me bats pour les protéger, les soigner, les sauver, les aimer, et finalement les pleurer lorsque l'échéance a eu raison de tant d'efforts, d'autres mentalités, d'autres êtres uniquement motivés par de lamentables et basses raisons matérielles les élèvent industriellement pour les livrer en temps et en heure à la vivisection.

C'est le cas à Montbeugny [1] (Allier), où depuis des mois se livre un combat acharné pour que l'implantation d'un élevage de deux mille beagles (destinés aux diverses expérimentations auxquelles se livrent les laboratoires français dans tous les domaines) ne puisse se faire !

La France entière [2] a réagi à la demande de la population locale, mais la firme américaine Marshall/Farms' affirme qu'elle implantera ailleurs son élevage à grands coups de dollars et de pots de vins.

C'est dégueulasse, immonde, inadmissible.

Huit cents millions d'animaux sont ainsi toujours expérimentés chaque année dans le monde alors que la science est à la pointe de tous les progrès, qu'on explore le cosmos, qu'on développe des armes destructrices et prétendument infaillibles, que les robots, ordinateurs, internet et autres puissances électroniques envahissent la planète, on continue de sacrifier les animaux sur les autels de la science au nom de la survie de l'humanité, comme il y a cent ans, mais avec une cruauté et une désinvolture devenues industrielles, donc sans état d'âme, uniquement basée sur le profit.

---

1. Brigitte Bardot s'est rendue sur place le samedi 29 mai 1999.
2. Un sondage IFOP confirme que « 87 % des Français sont hostiles à l'implantation en France de nouveaux centres d'élevage de chiens destinés aux laboratoires ».

Pourtant il existe d'autres méthodes plus efficaces qui sont les cultures sur cellules, des méthodes de substitution déjà employées par de grands chercheurs plus humains et plus modernes, mais les subventions manquent pour qu'elles éclatent officiellement, prenant enfin la place de l'animal.

Cet an 2000 dont on nous rebat les oreilles pourrait être le tournant définitif d'un monde pour un autre, particulièrement dans le domaine de la recherche *in vivo*, qui devrait être abolie avant la venue du troisième millénaire.

La souffrance terrifiante des pauvres animaux de laboratoire doit faire place à une recherche élaborée scientifiquement qui a fait ses preuves et qui n'attend plus que d'être enfin reconnue légalement. Sinon combien d'élevages de combien de chiens, de singes, de chats, de rats, de souris s'implanteront encore sur notre territoire, élevages d'épouvante d'animaux voués aux multiples sacrifices dont se repaît une science sans conscience ?

L'animal restant malheureusement le « matériel d'expérimentation » indispensable aux laboratoires de recherche, je vous conseille vivement, à la veille des vacances d'été, de ne pas abandonner votre compagnon : celui-ci pourrait bien finir ses jours dépecé, immolé, sacrifié, contaminé par les pires virus, expérimenté, découpé, victime muette d'atroces souffrances.

En votre âme et conscience, pensez-y !

Évoluer, c'est parfaire, non détruire !

*Pauvre petit beagle trop souvent utilisé dans les labos de vivisection. Alors qu'il existe d'autres solutions...*

*29 mai 1999 – Préfecture de Moulins (Allier). Je suis venue manifester contre l'implantation d'un laboratoire d'expérimentation à Montbeugny. Sous la pression des opposants, le projet sera abandonné.*

*Avec Ophélie, vieille petite Setter anglaise adoptée à La Mare Auzou, qui a fini ses dernières années, aimée et choyée.*

*En visite dans un refuge du Var.*

*Alors que ces pauvres volailles dans cet élevage concentrationnaire seront mangées,
ces deux canetons sont dévorés… de baisers.*

*À La Madrague, les pigeons ont élu domicile et le petit chat ne leur fait même plus
peur ! Ce spectacle quotidien m'apporte beaucoup de bonheur.*

# L'aile ou la cuisse

Dis-moi ce que tu manges, je te dirai qui tu es !

La réponse devrait s'apparenter à un certain cannibalisme, car nous avons pris la fâcheuse et déplorable habitude de nous nourrir de la chair du cadavre de millions d'animaux qui, considérés comme de la matière première, sont engraissés à la « va-comme-je-te-pousse » dans les usines de productivité intense que sont les batteries d'élevage, honte de notre lamentable société de surconsommation.

À qui la faute ?

À nous, à vous, à tous ceux qui trouvent plus pratique et plus rapide de déballer un « steak sous vide » ou « un blanc de poulet prêt à cuire », achetés à des prix défiant toute concurrence dans la grande surface la plus proche, ou alors préfèrent les œufs pondus à la chaîne par des poules mécanisées, épuisées, qui n'ont plus la force de transmettre à leur pauvre « production » les éléments qui en faisaient la richesse, étant elles-mêmes dépouillées de toute substance vitale.

Après vingt-cinq années d'élevages intensifs dans des conditions plus qu'inhumaine pour satisfaire la boulimie carnivore de la population, les animaux prennent enfin une éclatante revanche, empoisonnant à leur tour ceux qui depuis tant d'années les ont obligés à se nourrir de produits infâmes, toxiques, fabriqués, chimiquement et industriellement, à base de résidus ignobles allant même jusqu'à utiliser des huiles de vidange, des boues d'épuration provenant de fosses septiques, de sanitaires, des cadavres voués à l'incinération, etc.

Ces multinationales de l'agroalimentaire, ces usines, ces laboratoires chimiques, leurs directions et leurs personnels sont les premiers fautifs, complices de meurtres par omission, d'empoisonnement, de non-assistance à population en danger !

Et les gouvernements ?

Les ministres de l'Agriculture ? De la Santé ?

Les services vétérinaires soi-disant garants de la salubrité des viandes livrées au commerce ?

Ce qui arrive est scandaleux mais incontournable, c'est le juste retour des choses, la revanche des milliards d'animaux cruellement engraissés à toute vitesse, dans des conditions barbares bravant toutes les lois naturelles les plus élémentaires puis tuées sauvagement à la chaîne.

Notre société est pourrie, notre planète polluée, nos animaux empoisonnés, nos légumes transgéniques, notre air plus ou moins radioactif, notre ozone qui fout le camp, c'est une lente et irrémédiable décomposition non prévue par Nostradamus [1], mais préméditée, depuis longtemps par les irresponsables qui nous gouvernent.

À vous de réagir.

La balle est dans notre camp !

*Novembre 1994 – Avec Ulysse, un de nos chouchous des bureaux, aujourd'hui décédé.*

---

1. Michel de Nostre-Dame (1503-1566). Astrologue et médecin français rendu célèbre surtout par ses prophéties des *Centuries astrologiques* (1555).

*1967 – Une belle et insolite rencontre sur le tournage d'À cœur joie.*

**FONDATION BRIGITTE BARDOT**
*l'info-journal*
N° 30

**MENACE**
SUR LES
**GRANDS SINGES**

Vendus sur les marchés africains
comme viande de brousse !

Condamné à perpétuité...

**Sur quelle accusation ?**
**Pour quel crime ?**

**Vous avez la réponse ?**
**Lui non plus...**

N'enfermons plus
les animaux sauvages
pour notre seul plaisir !

L'animal sauvage a le droit de vivre en liberté
dans son milieu naturel et de s'y reproduire.

Tête de gorille sur un marché africain. Une horreur !
Le fait de manger de la viande de singe (dite « viande de brousse ») équivaut à du cannibalisme.
Dian Fossey est morte assassinée pour avoir osé dénoncer ce trafic !

Qui sommes-nous pour enfermer ces animaux, si malheureux en captivité ?

Pauvre petit singe qui ne semble pas comprendre ce qui lui arrive...

Ce qui se passe derrière les portes closes des Bunkers des laboratoires ferait frémir l'imagination la plus sadique et la plus folle.

(Extrait d'une lettre de B. Bardot lue à Washington devant 75 000 personnes.)

# Nos cousins si proches

Si vous étiez un animal, lequel seriez-vous ?

C'est une question amusante à poser et qui, suivant sa réponse, définit bien le caractère de chacun.

Mais l'animal qui nous est le plus proche et avec lequel nous avons le plus de similitudes est le singe, et plus particulièrement les grands primates : gorilles, orangs-outangs, chimpanzés. Ces cousins les plus proches de l'homme nous ressemblent d'une manière plus qu'hallucinante dans leurs façons d'être, leurs gestes, l'organisation de leur société, leur intelligence, leur sens de la famille, la manière qu'ils ont trouvée de se servir d'outils (bâtons, pierres, etc.) pour se défendre ou se nourrir ; les deux mamelles des femelles placées à la même place que nos seins, leurs bras qui bercent ou menacent, et leurs regards plus humains et profonds que bien des nôtres.

Ces animaux continuent d'être massacrés un peu partout dans le monde, sans ménagement, malgré les efforts surhumains de ceux qui leur consacrent leur existence comme Jane Goodall, Aliette Jamart, Fabrice Martinez [1] ou Dian Fossey [2].

Il est inadmissible que l'humanité continue d'autoriser le massacre légal (ou illégal) de tous ces animaux si proches de l'homme, trop proches de l'homme puisqu'on s'en sert comme cobayes dans les laboratoires pour des expérimentations parfois diaboliques de chercheurs fous, qu'on leur apprend le langage des sourds et muets, qu'on les utilise pour des fonctions scienti-fiques (voyage dans l'espace) en lieu et place des hommes. Qu'on les capture pour les cirques, les zoos ou les animaleries,

---

1. Président et fondateur de l'association Gorilla, qui œuvre pour la sauvegarde des derniers gorilles de montagne au Rwanda.
2. Assassinée en décembre 1985 au Rwanda alors qu'elle tentait de sauver les derniers grands gorilles. Son histoire a été racontée dans le film *Gorilles dans la brume.*

qu'on les exécute pour vendre leur viande, leur pelage, leurs organes, leurs mains desséchées (transformées en cendriers proposés aux touristes sur les marchés africains), et leurs têtes empaillées comme trophées de chasse à accrocher dans les salons des milliardaires...

Ils vont disparaître à jamais, trop faibles pour survivre face à la puissante destruction inhumaine, et pourtant...

Ne traitions-nous pas de la même manière ceux qu'on appelait des « Nègres » avant l'abolition de l'esclavage ?

N'étaient-ils pas considérés comme du bétail ?

Vendus sur les marchés ? Enchaînés ?

Dépendants corps et âme de celui qui, en les achetant, était devenu leur propriétaire ?

Si je fais un tel parallèle, c'est que parallèle il y a !

On se rend compte, un beau jour, parce que quelqu'un dénonce sans cesse une injustice, qu'il y a une évolution à apporter dans le respect dû à des races considérées comme des objets. Un bébé singe emmailloté qui s'accroche au cou de celle qui l'a sauvé d'un massacre est-il différent d'un bébé humain ? Lorsqu'il prend son biberon entre ses mains, est-il réellement un animal ou une sorte de mutant entre l'homme et l'animal ? Avons-nous le droit, en notre âme et conscience, de les détruire, de les supplicier, de les manger, de les réduire à l'esclavage ?

Je pense que non, je hurle que non, je supplie que non !

Je passerai le temps qu'il me reste à vivre à leur donner le droit d'être considérés comme « une (sous) espèce humaine » protégée par la convention de Washington en Annexe I, respectés par des lois que je vais m'efforcer de faire créer, de faire appliquer dans le monde entier.

Ça n'est pas un mince travail, j'ai besoin de votre soutien.

Merci.

# Zazou la rousse

Elle s'appelait Zazou, avait été trouvée accrochée au feu rouge d'un carrefour qui mène au centre de Saint-Tropez, un soir pluvieux de décembre 1982.

On me l'a apportée plus morte que vive, handicapée à jamais de la patte arrière droite écrabouillée, irrémédiablement insoignable.

Cette petite chienne fut un modèle de courage, de fidélité, d'intelligence. Malgré son handicap, elle faisait la loi dans ma maison, ne se laissant jamais marcher « sur les pieds ». Elle était une gardienne efficace, sachant aboyer au moment opportun. Elle rentrait les oies, les moutons, recherchait les animaux perdus, retrouvait dans les taillis les chats malades ou malheureusement morts.

Je l'appelais « mon petit renard » car elle en avait l'apparence.

Elle fut opérée d'un glaucome et subit une énucléation.

Zazou, qui fut l'âme de mon foyer pendant dix-sept années, s'est éteinte dans la nuit du 14 au 15 juillet 1999, épuisée par la chaleur caniculaire que nous subîmes tout cet été. Alors qu'elle rendait l'âme, de puissants feux d'artifices illuminèrent le ciel, accompagnés d'éclats de rire et de fête.

Ainsi va la vie.

*Ma Zazou, qui veillait jalousement sur La Garrigue.*

*1994 – Dans le hall de ma Fondation, où je me rends régulièrement.*

*Septembre 1999 – Présentation du Carré de Pluton (deuxième tome de mes mémoires).*

*Dans les années 90, dès que je venais à la Fondation, je dînais au « Passy », un restaurant où quelquefois je jouais avec des groupes de passage. J'ai ainsi rencontré Yuri Buenaventura bien avant qu'il soit célèbre !*

# Le siècle des lumières et de l'amour

Le 31 décembre 1999 à minuit, nous prendrons une année, un siècle, et un millénaire de plus. C'est beaucoup d'un coup !

Nous quittons ce XX<sup>e</sup> siècle qui fut un siècle de morts, de destructions, de désastres, tant humains qu'écologiques, sans oublier le massacre irréversible des animaux dont certaines espèces ont totalement disparu. Ma Fondation et tous les protecteurs ont œuvré pour essayer d'endiguer cette destruction systématique. Quelle indifférence cuisante face à la douleur, quelle scandaleuse inertie de tous les gouvernements français successifs qui ont laissé s'installer (ou même favorisé…) des méthodes industrielles, des chaînes de souffrance et de mort, des perversités barbares, n'accordant plus aucune valeur à la vie, à la douleur des bêtes, ne voyant plus, à travers leur chair, leur sang ou leur pelage, que des avantages économiques et politiques.

Avec mes collaborateurs, nous avons tenté (depuis quatorze ans) de médiatiser l'insoutenable. Nous nous sommes battus sur tous les fronts, dénonçant çà et là toutes les atrocités en France et dans le monde. Vous êtes (à ce jour) 46 000 à nous avoir fait confiance, à nous soutenir, à nous aider. Grâce à vous, notre acharnement a redoublé ; à travers ma Fondation, c'est vous tous qui dénoncez au monde l'inutile et lamentable souffrance animale. Merci, mille fois merci.

Quand le doute et la lassitude m'envahissent, je pense à vous que je considère comme ma réelle famille, vous qui n'oubliez jamais de m'écrire aux moments importants de ma vie (anniversaire, fête, Noël…), vous qui êtes fidèles dans la confiance que vous avez mise en moi et dont j'essaierai toujours d'être digne. À vous tous, je souhaite une nouvelle année humaine, belle et sereine dans ce nouveau siècle qui sera, je l'espère, celui de la prise de conscience des erreurs du passé, celui de la lumière et de l'amour.

Deux mille baisers tendres !

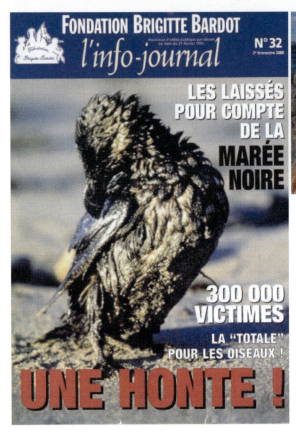

FONDATION BRIGITTE BARDOT
l'info-journal

N° 32
2e trimestre 2000

LES LAISSÉS
POUR COMPTE
DE LA
MARÉE
NOIRE

300 000
VICTIMES
LA "TOTALE"
POUR LES OISEAUX !

UNE HONTE !

*Blessée par des plaisanciers sur un bateau, cette mouette s'était réfugiée à La Madrague. Je l'ai soignée et sauvée puis un jour elle est repartie vers son destin.*

FOURRURE
signe extérieur
de cruauté !

FOURRURE
signe extérieur
de cruauté !

*Des bus « antifourrure » circulaient dans les avenues chics de la capitale (là où sévissent les fourreurs et les grands couturiers) pour sensibiliser le public.*

# On n'arrête pas le progrès

Triste bilan pour ce premier trimestre 2000 qui s'ouvre en engluant d'un mazout dévastateur [1] des milliers d'oiseaux marins cependant que le beau Danube cyanuré n'offre qu'un spectacle désolant de pollution où les poissons succombent par centaine de milliers, où tout ce qui vit meurt. Les dauphins s'échouent sur nos plages, victimes des chaluts pélagiques, véritables fléaux des mers. Les vaches folles (ou supposées l'être) sont abattues par troupeaux entiers sans autre forme de procès, et la listériose [2] contamine la langue des porcs, les fromages et autres aliments.

Nous sommes soumis à une totale désobéissance par un gouvernement incapable de gérer les lois d'un pays anarchique où les chasseurs font des pieds de nez aux directives européennes, où les sacrifices de l'Aïd-el-Kébir continuent à se faire dans des sites dérogatoires sans étourdissement préalable alors que la Commission européenne blâme la France et son ministre de l'Intérieur, le sommant d'interdire les abattages hors des abattoirs.

Malgré la promesse des huit heures maximum, les transports d'animaux de consommation continuent à durer trente-cinq heures et plus dans des conditions effroyables de mutilation et de décès.

Actuellement deux millions d'animaux exotiques envahissent la France. Ils sont incarcérés dans les salles de bains, les containers et les bocaux desquels ils s'échapperont parfois, semant la

---

1. Allusion à la marée noire provoquée par le pétrolier *Erika* en décembre 1999, qui a pollué les côtes de France, du Portugal et d'Espagne.
2. Maladie infectieuse des animaux et de l'homme due à une bactérie ; particulièrement grave chez la femme enceinte et le nouveau-né.

terreur des populations et celle de pompiers qui iront les récupérer au péril de leur vie dans tous les tuyaux, vidanges, égouts et autres gaines d'aération où ces pauvres bêtes auront trouvé refuge.

Puisque ces animaux-là, admis en France, remplacent dorénavant les animaux de compagnie, ceux-ci, en surnombre, deviennent sources de profit : on commercialise leur fourrure ! Et en avant les manteaux en setter irlandais, en berger belge devenus pour l'occasion « loup argentin » ou « renard exotique », et les doublures de pelisses en chat – les roux étant les plus appréciés car ils passent pour du renard, et les « gouttières » pour des félins tigrés.

C'est affligeant !

Après enquête, nous avons appris qu'aucune loi française n'interdisait la commercialisation des peaux d'animaux domestiques. Certains députés, ayant pris en considération notre demande urgente d'y mettre bon ordre, ont déposé à l'Assemblée nationale des questions écrites mais... les 35 heures payées 39 ont priorité dans les débats de nos députés !

Alors, à la Fondation, nous remuons ciel et terre, nous attaquons sur tous les fronts. Nous n'avons jamais eu autant à nous battre car les élevages en batterie, honteux commerce industriel de vies considérées comme des objets rentables, continuent de prospérer malgré la dioxine. Ailleurs, les grands singes (toujours exterminés) et les éléphants (victimes de braconnage malgré les lois) n'ont jamais été aussi menacés de disparition totale à brève échéance. Les maquignons, vendeurs de chevaux de boucherie (les ordures !), se frottent les mains, la vente de viande de cheval reprend au galop !

On fait feu de tout bois, c'est ignoble !

Mais la salmonellose [1] guette... et je n'abandonnerai jamais ce combat qui, pour moi, rejoint celui des bébés phoques ; à propos, eux aussi seront massacrés par centaine de milliers,

---

1. Infection due à des salmonelles ; comme certaines toxi-infections alimentaires, la fièvre typhoïde ou les fièvres paratyphoïdes.

début mars, sur les banquises canadienne et norvégienne, hélas, trois fois hélas !

J'arrête mon chapelet de détresse.

Je pensais qu'en prenant de l'âge, je verrais les choses s'arranger, que je pourrais, à 65 ans, respirer un peu.

Il n'en est rien, c'est désolant.

Merci de votre confiance, de votre aide, de votre soutien, les animaux n'en ont jamais eu autant besoin.

*Avec Raf et Gaspard à La Garrigue.*

*Été 2000 – Gorizia (Italie). Avec Ghyslaine Calmels, je tente désespérément de secourir ces pauvres moutons entassés dans ces camions de la mort, en pleine chaleur. Je ne peux que les caresser. Je me sens impuissante face à tant d'inhumanité.*

*Je viens de recueillir deux malheureux agneaux que je vais sauver de cet enfer. Mais les autres vont continuer leur route vers les abattoirs dans des conditions d'épouvante.*

# Mon voyage aux Enfers

Le mardi 23 mai 2000, au journal de 20 heures sur TF1, j'ai vu les images insoutenables que la PMAF [1] avait réussi à filmer. L'agonie lente et insupportable de ces milliers de moutons mourant de soif et de chaleur, de ces centaines de chevaux dont on coupait les pattes à coups de hache pour les délivrer des entraves dans lesquelles ils s'étaient emmêlés lors des cinquante ou soixante heures de voyage, de chaos, de secousses qu'ils venaient de subir, entassés dans ces camions de fer et d'acier, brûlants de chaleur, sans aucune escale, sans boire, sans respirer. Venant de Pologne, d'Ukraine, de Hongrie, de Slovénie, venant de partout et de nulle part, allant vers la mort après avoir connu l'enfer de cet entassement, les plus faibles la trouvant en cours de route. Tous considérés comme des produits, de la viande sur pied, déchargés comme des ballots d'ordures, considérés comme de la « bidoche » en sursis.

Les larmes aux yeux, j'ai décidé avec ma Fondation de faire éclater cette horreur qui dure malgré les dispositions prises à Bruxelles par les ministres de la Communauté européenne, en 1995. Nous étions déjà sur place et j'avais fait un scandale auprès du ministre français de l'Agriculture, Jean Puech, qui s'opposait au vote d'une loi préconisant huit heures maximum de voyage quotidien puis une halte de vingt-quatre heures.

La loi fut quand même votée mais ne fut jamais mise en application ; aucune vérification, aucun contrôle vétérinaire, aucune compassion pour ces pauvres bêtes encore vivantes, encore conscientes qui souffrent et parfois agonisent.

Alors nous avons décidé de réagir après avoir écrit et envoyé ladite cassette à tous les ministres responsables de cette « Europe de merde » qui ne fait rien et complique tous les problèmes. Avec

---

1. Protection mondiale des animaux de ferme.

mon équipe, je suis allée là où les camions venant des pays de l'Est entrent dans la Communauté européenne : à Gorizia, en Italie, à la frontière slovène.

Et nous avons vu l'enfer !

Sous un soleil de plomb (30 °C à l'ombre), ces camions, véritables containers d'acier à trois étages avec semi-remorque, emprisonnant 700 moutons non tondus, encore dans leur laine d'hiver, entassés les uns sur les autres, ne tenant debout que par leur promiscuité, sans aération (plus de 50 °C dans le camion), partis de Hongrie depuis vingt-quatre heures.

Nous avons vu aussi un camion, stationné en plein soleil depuis trois heures, contenant une cinquantaine de chevaux partis de Pologne et d'Ukraine depuis cinquante heures !

Ma directrice, Mme Calmels-Bock, et moi, bravant les interdits, sommes montées dans le camion des moutons afin de sommer le chauffeur de faire une halte pour que ces animaux s'abreuvent et se reposent. Les bêlements intensifs couvraient nos voix, les manettes électroniques du véhicule faisaient un bruit d'enfer ; le type, un Hongrois, ne comprenait ni l'anglais ni l'italien, lui-même épuisé par cette route et ahuri par notre présence.

Après une demi-heure de tours et de détours sur cette aire surchauffée où l'asphalte fondait après la pesée du camion, où nous dûmes sortir de cette fournaise, finalement, après une autre demi-heure de palabres, de papiers administratifs, les portes d'acier s'ouvrirent électroniquement, et les pauvres moutons de la partie inférieure furent guidés entre les barreaux de fer vers un hangar immense et aéré où ils se crurent peut-être au paradis.

Ensuite, il fallut faire descendre la plate-forme médiane, là où les agneaux, coincés entre la partie haute et la basse, souffrent plus que les autres d'un manque d'aération. Sur le sol restait un petit cadavre, mort avant les autres, écrasé, déshydraté.

Une mort inutile, injuste.

Des petits agneaux de deux ou trois mois, se bousculant pour sortir de cette geôle torride, bêlaient à fendre l'âme. Deux d'entre eux ne pouvaient plus avancer : serrés l'un contre l'autre, titubant, ils s'écroulèrent sous nos yeux.

Escaladant les énormes protections de fer avec Mme Calmels-Bock, je suis allée leur porter secours car personne ne s'en occupait. L'un des petits qui semblait avoir une patte cassée, très mal en point, fit une syncope. On eut beau hurler au secours afin de trouver un vétérinaire, le seul connard en blouse blanche qui arriva fut bien incapable de faire quoi que ce soit.

Alors on aspergea l'agneau d'eau fraîche pendant que je tenais l'autre dans mes bras. Le petit martyr succomba une demi-heure plus tard, alors que j'avais pris sur moi de le garder ainsi que celui que je tenais contre mon cœur. Sur le sol de la troisième plateforme descendue, gisaient encore deux petits cadavres de plus, qui n'avaient pu lutter contre les conditions abominables que leur petit organisme devait supporter.

Je me mis à pleurer, serrant toujours l'agneau dans mes bras. Pour me consoler (si l'on peut dire), l'un des responsables alla chercher dans le troupeau un autre petit que l'on m'offrit. Je repartis donc avec deux bébés sauvés *in extremis* d'un enfer dans lequel je laissais tous les autres qui, réembarqués trois heures plus tard, partirent vers les abattoirs du sud de l'Italie, de la Grèce et des pays musulmans.

Puis il y eut les chevaux, toujours sous le soleil, dans leur prison d'acier brûlant. Ils hennissaient, donnaient des coups de sabots contre les parois, ils n'en pouvaient plus de soif, de chaleur, de fatigue depuis leur départ de Pologne sans aucune halte. Leurs têtes entravées par des courroies tendues par les brancards de fer, ils ne pouvaient même pas lever le nez jusqu'aux minuscules hublots d'aération. Mais comme certains venaient de Tchernobyl, il fallait les passer au compteur Geiger pour s'assurer qu'ils n'étaient pas radioactifs.

Et les papiers…

Les paperasses administratives qui n'en finissaient plus d'arriver. À force de gueuler dans toutes les langues, nous avons eu gain de cause. C'est un coup de chance car si certains de ces chevaux s'étaient avérés radioactifs, tout le camion repartait sans halte pour la Pologne.

C'est scandaleux.

Puis ils sont sortis, croyant courir vers la liberté alors que ce n'était que l'antichambre de la mort. Ils étaient beaux, fiers, courageux, magnifiques, ces chevaux voués à la mort atroce de l'abattage, de la boucherie !

Je les regardais une dernière fois s'élancer vers ce hangar sinistre, c'était leur dernier galop, leur dernière semi-liberté conditionnée, à eux qui n'avaient rien fait de mal et qui portaient l'épouvante dans leurs yeux.

À vous tous, j'adresse une prière : lorsqu'il vous arrivera de manger de la viande, pensez à ce que je viens de vous décrire, pensez à la souffrance qui gît dans votre assiette, pensez à la peine que vous me faites.

Merci.

*Parmi des centaines d'autres, deux pauvres moutons cherchent désespérément un peu d'air dans ce camion surchauffé qui les mène à l'abattoir.*

la plus noble conquête de l'homme !!

FONDATION BRIGITTE BARDOT

# LEUR AVENIR
# SE JOUE AUJOURD'HUI !

Du 10 au 20 avril 2000, les 146 pays membres de la CITES* se réunissent à Nairobi (Kenya)
pour décider de la survie ou de la mort des espèces en voie d'extinction.

# L'ÉLÉPHANT N'AURA PAS
# LE SOUTIEN DE LA FRANCE...

*Fin des années 70 à Bazoches — Cache-cache avec les vaches du voisin !*

*Septembre 1994 — Le jour de mes 60 ans. J'aimais passer l'été puis l'automne à Bazoches, loin de la folie tropézienne.*

# L'âme des campagnes

Nous vivons dans un monde de folie incontrôlable, un monde en contradiction totale avec les règles les plus élémentaires que la nature nous enseigne depuis des millénaires, un monde de cinglés qui prend en otages les animaux, essayant de les rendre responsables de tous les maux dont notre puissance de destruction les accable à travers nos propres dérives.

Quand j'étais petite, et il n'y a pas encore si longtemps, les vaches étaient respectées par les fermiers. Elles étaient les mères nourricières de toute une population qui achetait leur lait chez le crémier, lait qu'on nous servait à la louche et que nous emportions dans des « boîtes à lait » avant de le faire bouillir afin qu'il ne tourne pas et dont nous récoltions la crème à l'aide d'une écumoire.

Ces animaux paisibles et rassurants, aux bons yeux bordés de longs cils, nous regardaient avec douceur, se laissaient traire par des mains amies, nous donnaient leurs petits veaux après les avoir nourris, nous autorisant à les emmener loin d'elles lorsque l'âge était venu pour les conduire à la boucherie. Elles étaient la vie des pâturages, l'âme des campagnes, les assistantes silencieuses des chefs de gare, fascinées par les trains qui passaient régulièrement.

Aucun contrôle sanitaire n'existait à l'époque, aucune maladie non plus !

Tout était naturel, établi, sain, normal.

Jamais, au grand jamais, un fermier n'aurait mené sa vache à l'abattoir. Ce triste sort étant, depuis la nuit des temps, réservé aux bœufs. Aujourd'hui les vaches sont devenues « folles », contaminées surtout par la folie humaine. Des troupeaux entiers sont abattus chaque semaine parce que l'une d'entre elles est atteinte. Les étables se vident, les fermiers sont devenus des agriculteurs champions de l'ordinateur. Tout est industrialisé, contrôlé, mécanisé, subventionné, « traçabilisé », recyclé.

Il ne faut rien perdre !

Résultat : la listériose, la maladie de Creutzfeld-Jakob, la dioxine [1], la trichinose, etc.

Les vaches aujourd'hui sont beaucoup plus rentables que les bœufs : elles donnent leur lait, leurs veaux et leur viande.

Que demande le peuple ?

C'est honteux d'en arriver là !

De contrer à ce point la nature, d'accepter le pire alors que nous avions le meilleur, de nous plier à des méthodes, à des ordres, à des autorités destructrices qui tranchent au plus profond du cœur même de l'essentiel de notre survie.

Les animaux de ferme, grâce auxquels nous survivons, ont droit eux aussi à une reconnaissance, à un respect, à une nourriture correcte que nous n'avons même plus la décence de leur accorder pendant leur courte vie. En boycottant, pendant un certain temps, le commerce d'une viande malsaine et douloureuse, en ayant la force d'une révolte de consommateur, on pourrait peut-être changer le cours des choses…

Mais en aurez-vous le courage ?

---

1. Nom générique d'une famille de composés chloro-organiques oxygénés extrêmement toxiques.

*Je me bats pour la VIE !*
*Ces deux-là ne connaîtront jamais l'horreur des transports et des abattoirs.*

*9 mai 1994 – Hôtel Concorde Saint-Lazare, avec le grand Théodore Monod venu m'apporter son soutien.*

*20 décembre 1997 – Paris. Théodore (95 ans) était encore à mes côtés pour cette manifestation organisée par Laëtitia Scherrer et ma Fondation en réaction à la forte augmentation des fourrures dans les collections des grands couturiers.*

# Notre ami Théodore Monod

En cette fin d'année catastrophique, dévastatrice, meurtrière et décadente à tous points de vue, je ne peux, je ne veux pas revenir sur les atrocités que le monde humain et animal a dû subir.

Je veux me réjouir avec vous de prendre une année de plus… quand on aime, on ne compte plus ! Mais, vive (et vivement) 2001 que je vous souhaite et que je souhaite meilleure à tous ceux que j'aime.

Je ne vous parlerai pas, comme j'ai l'habitude de le faire, de toutes les horreurs que nous avons eu à assumer à ma Fondation. Mais je ne peux oublier la mort, survenue le 22 novembre 2000, d'un de nos plus grands amis, d'un homme exceptionnel qui, toute sa vie, a défendu avec sagesse et intelligence les animaux, mais aussi tout ce qui vit sur notre planète. M. Théodore Monod nous a quittés, à l'âge de 98 ans, après avoir combattu toutes les exactions que l'homme fait subir de manière ignoble à ce qui est plus faible que lui.

Je pense qu'il est dans la grande lumière de la paix et c'est cette sérénité que j'aimerais que les hommes et les bêtes puissent atteindre enfin dans ce troisième millénaire dont les portes s'ouvrent aujourd'hui.

Bonne année à tous !

*Voilà comment l'être « humain » traite ses animaux de boucherie. Pauvres cochons, trimballés, malmenés, entassés, considérés comme des objets que l'on décharge sans précaution ! J'ai honte...*

# On est gouvernés par des cons

Ce qui se passe est absolument inacceptable et scandaleux. Jamais dans toute l'histoire de l'humanité les animaux n'ont été à ce point massacrés par les hommes !

La nature prend une revanche qui, hélas, atteint en plein cœur le monde des animaux de ferme.

L'homme a tout simplement oublié que ce qu'il appelle avec dédain un « produit » est avant tout une « vie ».

Tous ces échanges de bétail qui transitent d'un bout à l'autre de l'Europe ne font qu'aggraver les choses. Les animaux souffrent d'être abattus sauvagement. Ils crèvent de manière sordide, de soif, de chaud, de froid, d'étouffement. Tout ça pour favoriser un commerce lucratif entre tous les pays – un commerce inutile.

Pourquoi importer en France, de Hongrie, de Pologne ou d'Australie alors que nous exportons vers l'Afrique du Nord et les Émirats arabes ?

La vache folle, la fièvre aphteuse [1] ne sont que les débuts de drames qui nous pendent au nez et nous l'aurons bien mérité !

Ma Fondation, qui s'exprime farouchement, partage mes sentiments, est scandalisée. De plus, s'il y a encore dans ce monde pourri quelques personnes lucides, elles devraient nous rejoindre dans nos opinions.

Ma compassion est pour tous ces animaux qui sont tués de manière abusive, préventive. S'il me reste un peu de larmes, je les transformerai en perles pour dédommager les éleveurs qui voient s'envoler en fumée les fruits de leurs illusions.

---

1. Maladie épizootique due à un virus et atteignant surtout les ruminants et les porcs.

Ce qui me paraît encore plus grave est le fait que le vaccin contre la fièvre aphteuse est supprimé depuis 1991 pour des raisons sordides de rentabilité liées à l'exportation.

Ça, c'est un scandale !

Bravo, messieurs des ministères de l'Agriculture et de la Santé Publique, vous avez fait fort.

On est gouvernés par des cons !

D'ailleurs, j'avais demandé, en octobre 2000, la démission de Glavany [1] après le scandale de la vache folle, par lettre ouverte envoyée aux agences de presse.

La fièvre aphteuse est une maladie qui existe depuis long-temps mais qui n'est pas transmissible à l'homme. (Heureu-sement que l'éradication du sida ne se fait pas de manière aussi radicale…). Pourtant, il est extrêmement dangereux, ce petit virus, très contagieux.

Pourquoi fait-on subir aux animaux préventivement de vérita-bles génocides ? Parce qu'ils sont des « produits », des « objets de rentabilité ».

C'est tout simplement écœurant.

Je pense que cette « Europe » est un fiasco.

Pourquoi vouloir à tout prix imposer à tous ces pays, et à nous-mêmes, des mesures dictatoriales qui vont à l'encontre de nos us et coutumes ?

Les mégalomanes qui sont à la base de ces ridicules ententes entre pays diamétralement opposés dans leurs traditions n'ont vu que la gloire qu'ils pourraient retirer d'unions aussi incompatibles.

Que chacun reste chez lui avec son bétail, ses cultures au sens propre (comme au sens figuré…). Que les paysans conti-nuent de récolter sans être obligés de laisser leurs terres à l'abandon, qu'on arrête de prôner la surconsommation, de jeter le lait dans les égouts et les fruits dans les décharges.

---

1. Ministre de l'Agriculture sous le gouvernement socialiste de Lionel Jospin.

Qu'on respecte un peu la vie animale et végétale.

Que la nature reprenne ses droits.

Qu'on arrête de tout polluer, de tout détruire au nom des droits de l'Homme.

Ah, ils sont jolis, les « droits de l'Homme » !

Le gouvernement français est ridiculement impuissant et se permet de donner des leçons à l'étranger. On ferait mieux de voir la poutre que nous avons dans nos yeux avant de titiller la paille dans ceux des autres.

J'en veux à tous ces politicards qui prennent des mesures inhumaines sans rien savoir ni connaître des fonctions fondamentales, naturelles et normales de ce qui existe depuis la nuit des temps.

Le progrès !

Si c'est ça le progrès, alors c'est une véritable catastrophe !

Je me bats pour la vie.

Je ne suis pas le bon Dieu et je pleure la déshumanisation atroce de notre société.

Nous baignons dans le sang des bêtes et nous le paierons très cher.

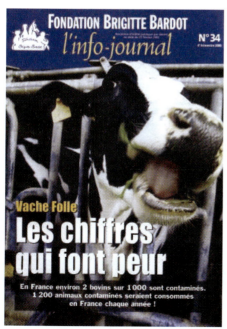

« La vache folle » : par principe de précaution, des milliers de bovins ont été abattus... Un sacrifice utile ?

*1er mars 2001 – Avec Traian Basescu, maire de Bucarest et aujourd'hui, en 2006, président de Roumanie. Nous venons de signer un contrat devant la presse pour mettre en place une campagne urgente de stérilisation des chiens errants de la capitale roumaine. Non seulement il ne tiendra pas sa promesse, mais il exterminera massivement les chiens.*

*2001 – Avec le nouveau président roumain, M. Ion Iliescu. Je réitère toutes les demandes que j'avais déjà faites à son prédécesseur en 1998.*

# Carnage à Bucarest

Après l'échec cuisant que nous a infligé M. Basescu, maire de Bucarest, ne respectant ni sa parole, ni le contrat signé officiellement, le 1er mars 2001, qui stipulait que nos efforts pour stériliser les chiens et chiennes commencés en 1997 (30 000 sont actuellement opérés) seraient maintenus, épargnant ainsi leurs vies, nous avons dû, malgré nos supplications éperdues et désespérées, nous rendre à l'évidence : les chiens, stérilisés ou non, sont actuellement tués !

Cette cruelle lâcheté a plongé toute ma Fondation dans une grande et amère détresse. Tout ce qui avait été entrepris est réduit à néant, toutes les sommes investies, nos espoirs, notre volonté de sauver 200 000 chiens adorables, ont été engloutis par la faute, la volonté d'un homme implacable, animé par une force de destruction qui rappelle hélas d'autres forfaits…

En France, comme en Angleterre, d'autres massacres collectifs, ceux des moutons et des vaches sacrifiés par centaine de milliers, au nom du principe de précaution, sans que personne réagisse ou s'insurge, nous ont obligés à acheter des espaces publicitaires dans des journaux à grand tirage, dénonçant la lâcheté du gouvernement et des pouvoirs publics, et la lamentable occultation des vaccins appropriés reniés par les services vétérinaires et le ministère de l'Agriculture.

Tous ces enchaînements d'extermination donnent à réfléchir.

Partout la mort des animaux est la solution qui résout tous les problèmes.

C'est inadmissible et scandaleux.

C'est pourquoi il me paraît urgent de balayer devant notre porte car, chez nous, les problèmes d'euthanasies massives de chiens et de chats existent quotidiennement mais on nous le cache, nous ne le voyons pas, nous ne sommes pas au courant et notre conscience est tranquille. On oublie trop souvent que des chiens sont euthanasiés légalement par centaines et de manière trop injuste. Les fourrières municipales, véritables antichambres de la mort, sont pleines de toutous abandonnés qui croupissent dans des culs de basses-fosses, hurlant à la mort leur désespoir qui n'atteint pas nos oreilles mais doit atteindre nos cœurs.

Leurs morts, anonymes et hebdomadaires, laissent indifférent.

Pourtant ces chiens-là viennent bien de quelque part, ils ont eu un maître avant d'être abandonnés et punis de mort.

Des dizaines de milliers de chiens sont euthanasiés en France chaque année.

Nous allons essayer de faire régresser ce carnage.

Mais… rien n'est moins sûr !

Passez quand même de bonnes vacances avec Toutou.

*On m'accuse souvent de ne rien faire pour les humains, mais je refuse de cautionner un engagement par un autre. J'agis sans prévenir qui que ce soit ! Ici avec des orphelins de Roumanie (en haut) et les personnes âgées d'une maison de retraite. Grande émotion de part et d'autre.*

*Avec Ghyslaine Calmels-Bock, j'apporte de la nourriture aux chiens de Bucarest. Trop nombreux et livrés à eux-mêmes, ils rôdent dans les rues.*

*1er mars 2001 – Les chiens errants sont partout dans la capitale roumaine. Je m'approche prudemment pour tenter de donner à manger à ce pauvre chien.*

*Presque quarante ans plus tôt, durant le tournage de* Shalako *en Espagne, je nourris-sais déjà les chiens faméliques dans le désert d'Alméria.*

*13 mai 1993 – J'accueille une panthère martyrisée qui fut sauvée par ma Fondation et rapatriée de La Réunion par mon copain Patrick Villardry, pompier-sauveteur à Nice.*

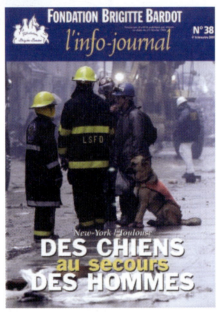

*J'ai une admiration sans bornes pour tous les pompiers et leurs chiens (et particulièrement ceux de New York) qui n'hésitent pas à sacrifier leur vie pour sauver celles des autres.*

*Avec Hicky (que j'appelle Rikiki) qui partageait la vie de Mme Calmels-Bock depuis près de quinze ans. Il est parti au Paradis en juillet 2006.*

# L'apocalypse du 11 septembre 2001

Tant va la cruche à l'eau qu'à la fin elle se casse...

Hélas, c'est dans un fracas d'apocalypse [1] qu'un des engrenages de notre société de consommation, de loisirs et d'irresponsabilité fondamentale vient de craquer !

Une brusque prise de conscience, un autre sens des valeurs, un regard nouveau et différent sur la fragilité de notre condition, seraient peut-être le point « positif » dans cet amas de destruction et de terreur.

Au milieu de cet amalgame de détresse, les pompiers, comme toujours, ont été les premiers à sauver, les premiers aussi à mourir. Avec eux, à qui je rends un hommage profond, leurs chiens, merveilleux et courageux, fouillent les décombres, risquent leurs vies, aveuglés par la poussière, la suie, la boue, la fumée, mettant leur flair puissant au service des sauveteurs, se glissant dans des cavités tortueuses dont ils auront bien du mal à sortir, côtoyant la putréfaction, risquant la contamination, continuant sans relâche leur travail harassant aux côtés de leurs maîtres.

Bravo, chiens anonymes qui, telles des ombres, ne font que leur devoir.

Paradoxalement, alors qu'il est connu et reconnu que sans les chiens sauveteurs, bien des vies humaines n'auraient jamais été sauvées, on continue, en cette terrifiante période de vacances d'hiver, d'abandonner ces êtres précieux à notre survie, tant morale que physique.

Comment admettre tant d'injustices ?

Ces animaux qui n'hésitent pas une seconde à risquer leur vie pour préserver la nôtre, comme ces deux merveilleux chiens

---

1. Allusion aux attentats terroristes du 11 septembre sur les deux tours jumelles du World Trade Center à New York.

d'aveugles qui, lors de l'attentat du World Trade Center, ont eu le courageux réflexe de guider leur maître respectif, l'un en descendant par les escaliers 71 étages, l'autre 47, au milieu des cris, de l'affolement, de la bousculade, en pleine poussière étouffante, dans l'obscurité alors que la structure des tours commençait à céder. Ces chiens héros à qui les chaînes de télévision ont rendu hommage.

Bravo et merci les chiens !

Nous avons reçu des dizaines de lettres, voire des centaines, me dénonçant la douleur accablante des familles propriétaires de pitbulls, rottweillers ou autres molosses, considérés par la nouvelle loi [1] comme « nuisibles », devenus les « bêtes noires » de la police, de la justice, confisqués pour un oui ou pour un non, abattus froidement pour un défaut de déclaration, un oubli de muselière ou une castration retardée.

J'ai évoqué ce grave problème avec le Premier ministre, Lionel Jospin [2], lors du rendez-vous qu'il m'avait accordé le 16 juillet 2001. Je lui expliquai qu'il ne fallait pas généraliser, ne pas faire du « racisme animalier », que parmi eux, il y avait, comme partout, des bons et des mauvais, que ces derniers devaient leur agressivité à leurs maîtres, qui hélas, bien souvent « connus des services de police », développaient avec brutalité leur instinct d'attaque.

Je lui parlais de ce pitbull que ma Fondation avait récupéré sur un balcon où il vivait cloîtré, les pattes et le museau liés par de l'adhésif, et qui est devenu aujourd'hui « Nelson », le chien sauveteur de Patrick Villardry, un des fameux pompiers de Nice qui, grâce à lui, sauve des dizaines d'hommes et de femmes un peu partout dans le monde, là où les tremblements de terre, les cataclysmes les plus redoutés font des milliers de morts.

---

1. Loi du 6 janvier 1999 sur les animaux « dangereux ».
2. Brigitte Bardot avait déjà été reçue par le « candidat » Lionel Jospin, à son QG parisien, le 3 mai 1995.

M. Jospin ne parut pas ému par ma plaidoirie ; au contraire, j'ai cru comprendre, par la voix d'une de ses conseillères, que la loi se durcirait encore à la rentrée.

Que faire devant un pouvoir imperméable à la compassion ?

J'ai remarqué, tout au long de ma vie (au fait, je viens de prendre un an de plus !), que l'être humain ne s'humanisait que dans la douleur, la détresse : lorsque sa survie semble menacée, son cœur s'ouvre et sa sensibilité s'éveille.

Combien de fois ai-je entendu : « On nous a traités comme des bêtes… »

Alors pourquoi continuons-nous à traiter les bêtes de cette manière qui nous offusque tant lorsque nous la subissons ?

Voilà pourquoi je souhaite de tout cœur que les hommes puisent un cœur neuf, une vision, une morale nouvelles, comme une fleur de mandragore poussée sur les décombres d'une civilisation égoïste, décadente et matérialiste.

*3 mai 1995 – Une rencontre sympathique avec le « candidat » Lionel Jospin. Il sera le seul à me recevoir (et à répondre à mon questionnaire) entre les deux tours de l'élection présidentielle.*

*Croyez-vous vraiment que ces pauvres canards soient heureux, enfermés à vie dans ces cages exiguës ? Si vous répondez non, alors arrêtez de manger du foie gras !*

*Un chien en Corée, attrapé au collet pour être revendu comme animal de boucherie ! Il sera tué et dépouillé sur place !*

*1993 – Chiens morts sur un marché coréen. Tués sans état d'âme pour être consommés.*

# Un air de fête païenne

Le beau sapin illuminé et magique est malheureusement l'arbre qui cache la forêt. Derrière les guirlandes et les scintillements se dissimulent, en cette période, bien des morts d'animaux, sacrifiés au nom d'une tradition gastronomique qui, hélas, donne dorénavant à Noël un air de fête païenne.

Les oies, les dindes et les canards sont abattus par milliers. Qui envisage un réveillon sans foie gras ? Un déjeuner de Noël sans la malheureuse dinde ? Même ceux qui disent aimer les animaux les mettent ces jours-là dans leurs assiettes en oubliant les souffrances lentes et insupportables qu'exige la production de foie gras. Et pourtant on pourrait s'en passer, mais personne n'ose faire le premier pas de peur de faillir au bon déroulement de la fête.

C'est dommage et ça me rend triste.

Vulnérable aussi car récemment, lorsque j'ai dénoncé fermement la Corée et les pays asiatiques sur le fait monstrueux qu'ils puissent encore, à notre époque, consommer de la viande de chien on m'a rétorqué : « Vous en France, vous mangez bien du foie gras, du cheval et des grenouilles ! Alors commencez par arrêter ça avant de vous attaquer à nos traditions et à notre culture. » Je voudrais tant que certaines barbaries prennent définitivement fin, que l'on se contente de l'essentiel sans aller se ruiner le porte-monnaie et la santé avec le superflu.

Je rêve peut-être mais le rêve est admis en cette période de Noël, seul moment de l'année qui rappelle l'enfance, monde magique où les vœux des cœurs purs s'envolent vers un Père Noël qui ressemble au bon Dieu. Certains parmi vous comprendront le message, d'autres non, ce sera pour plus tard...

N'attendez pas trop !

Quoi qu'il en soit, je vous souhaite à tous un joli Noël et une année 2002 meilleure que celle qui s'achève.

## BOYCOTT La Norvège et le Canada
# ont repris l'écœurant carnage des phoques, bébés et adultes.

**Norvège** : 2600 bébés phoques sont massacrés <u>sous prétexte scientifique</u> (cachant la reprise du commerce de la fourrure), des chasseurs sont chargés de tester divers calibres de balles sur certains phoques et les autres sont tués au pic à glace.

**Canada** : le gouvernement subventionne le massacre des phoques, autorise la chasse sportive et intensifie l'exportation des pénis de phoques vers l'extrême-orient pour la fabrication de potions aphrodisiaques.

## Il faut arrêter ce massacre en boycottant tous les produits norvégiens et canadiens,
notamment le <u>saumon</u>, et en refusant <u>tout voyage touristique</u> ou autre vers ces pays meurtriers.

### Ecrivez en masse aux ambassadeurs.

M. Norby, Ambassadeur de Norvège
28, rue Bayard - 75008 Paris

M. Bouchard, Ambassadeur du Canada
25, avenue Montaigne - 75008 Paris

### Nous comptons sur vous.

# FONDATION BRIGITTE BARDOT
RECONNUE D'UTILITÉ PUBLIQUE PAR DÉCRET EN DATE DU 21 FÉVRIER 1992

# Ah, si j'étais Dieu !

Deux hommes formidables, chacun dans leur genre, deux hommes amoureux des animaux à en mourir, qui ont passé leur vie à tenter l'impossible pour essayer de faire entendre au monde que l'animal, à l'égal de l'homme, était un être à part entière, se sont donné la mort en décembre 2001 dans une totale indifférence.

Il s'agit de Barry Horne, cet Anglais, chef de commandos antivivisection, qui prenait des risques incroyables pour délivrer les animaux de laboratoire. Poussé à bout, il allait jusqu'à envoyer des lettres piégées à certains expérimentateurs du Royaume-Uni afin de faire comprendre aux uns et aux autres que la souffrance due à l'expérimentation avait des limites et que ce procédé sadique n'était qu'une solution aléatoire et dangereuse pour la survie de l'humanité. Emprisonné comme extrémiste pour une peine de vingt ans, oublié de tous, impuissant et désespéré dans sa cellule, il s'est laissé mourir de faim.
Il avait 42 ans.

Le second est Jacques Mayol, cet extraordinaire « homme-dauphin » qui fut le premier (et le seul) pendant des années à pratiquer des descentes en apnée à plus de 100 mètres de profondeur, à se fondre au milieu des dauphins, à aller jusqu'à leur porter des sapins décorés pour Noël, à s'intégrer totalement à leur univers, essayant de les protéger, de les faire aimer et connaître, vivant sous l'eau, fuyant de plus en plus la société des hommes et leur folie. Il s'est donné la mort par pendaison juste avant Noël, dans sa demeure de l'île d'Elbe. Il avait 74 ans, était superbe mais ne supportait plus l'insupportable.
Tous les deux, ils méritent qu'on se souvienne d'eux, c'est pourquoi je tiens à leur rendre l'hommage que ma Fondation et nous tous leur devons.

Dans un registre tout aussi désespérant, nous venons de subir, une fois de plus, le rituel insupportable de l'Aïd-el-Kébir. Ce jour-là fut un jour de deuil pour moi. Un jour d'horreur, un jour de désespoir, un jour que je considère comme le plus triste de l'année, un jour d'impuissance totale.

Mars 2002 nous apporte aussi le massacre des bébés phoques sur les banquises canadiennes, exterminés brutalement et de manière abjecte à coups de massue. Après le passage des tueurs, la neige est rouge du sang des bêtes, la blancheur immaculée des banquises glacées se transforme en un univers de mort, un abattoir polaire et surréaliste.

Voilà vingt-cinq ans, jour pour jour, que j'allai là-bas.

Ce fut mon premier combat. Combat de rage et de larmes.

Après une amère et épuisante victoire qui ne dura que dix ans, le massacre reprit de plus belle, il fallait rattraper le temps perdu ! Cette année, un quota de plus de 300 000 phoques a été abattu par les Canadiens, les Norvégiens et les Russes.

Il y a toujours cette bataille livrée depuis 1986 contre la tradition ancestrale des Coréens de manger du chien et du chat, coutume horrifiante mais ancrée dans leurs mœurs contre laquelle je m'épuise sans espoir.

Alors profitant de la dernière Coupe du monde de football qui a eu lieu à Séoul en mai, je suis revenue à l'attaque auprès des journaux, des radios et des télévisions, ne mâchant pas mes mots, attaquant de front, les traitant de cannibales, essayant par tous les moyens de leur faire comprendre que le chien, meilleur ami de l'homme, sauveteur lors des catastrophes, guide d'aveugles, appui des handicapés, gardien fidèle, compagnon des bons et des mauvais jours, n'était pas un animal de consommation. Je me suis entendue répondre (entre autres…) qu'ils ne mangeaient que les chiens bâtards abandonnés mais prenaient grand soin des chiens de race, des chiens de compagnie payés à prix d'or.

Nous avons demandé et obtenu le soutien du président de la Fédération française de football, M. Claude Simonet, et celui de la Fifa [1], M. Joseph S. Blatter. Depuis, trois footballeurs anglais, dont Michael Owen, ont réagi et m'ont soutenue en leur envoyant le message suivant :

*Nous demandons avec respect au gouvernement sud-coréen de garantir aux chats et aux chiens une protection totale contre la cruauté intentionnelle de la torture ; nous supplions le pays coorganisateur de la Coupe du monde de ne plus les pendre, frapper, brûler et bouillir vivants avant de les abattre et de les manger.*

Une pétition [2] a été lancée par ma Fondation et PETA [3], la célèbre association américaine. Comme d'habitude, c'est sur les étrangers et sur vous tous que je compte pour donner le coup de grâce à une coutume dite « culturelle » écœurante, horrifiante qui éclabousse une fois de plus la race humaine.

Grâce à ma Fondation et au travail formidable de mes collaborateurs, nous avons quand même la grande joie d'avoir sauvé une dizaine d'ours dansants en Bulgarie.

Ces pauvres bêtes asservies à l'homme, pelées, pattes brûlées, bourrées de plaies suppurantes, le nez arraché par l'anneau qui les martyrisait, déshydratées, squelettiques, sous-alimentées, véritables zombies, esclaves, robots mécanisés par l'homme ont retrouvé un semblant de vie normale après des années d'esclavagisme, grâce au sanctuaire que nous avons fait construire à Belitza. Certains ont même tenté une hibernation dans les grottes artificielles, d'autres ont timidement commencé à se baigner dans les étangs spécialement aménagés. Nous allons en sauver encore un maximum afin que cesse cette inhumaine exploitation de l'animal par les tziganes.

Ah, si j'étais Dieu !

---

1. Football International Federation Association.
2. Plus de 60 000 signatures dont celles de Nathalie Baye, Jean Rochefort, Sophie Marceau, Jean-Paul Belmondo, Anouk Aimée...
3. People for the Ethical Treatment of Animals.

*Le massacre des cétacés aux îles Féroé (Danemark).*

*25 mai 2002 à Hagenbrunn (Autriche) – Je viens de recevoir le prix « My Way », remis par le gouverneur de Basse-Autriche, pour mon action internationale pour le droit des animaux.*

*Mon combat est reconnu et récompensé dans le monde entier. En France, souvent, je dois implorer les journaux pour dénoncer tel ou tel agissement scandaleux.*

# Nul n'est prophète en son pays

Il y a des jours avec et des jours « sang ».

Au fil des trois mois qui viennent de s'écouler, il y eut l'affaire « Joey Starr [1] – Nique ta mère » et l'impossibilité de retrouver, même par voie de justice, le petit singe qui fut victime de tant de violence de la part de cet individu néfaste, condamné à de simples amendes malgré l'accumulation de faits récidivistes, retenus contre lui.

Ainsi va la vie...

France, ta justice fout le camp !

Il y eut aussi la CBI (Commission baleinière internationale), qui s'est tenue au Japon, à Shimonoseki, et à laquelle deux de mes collaborateurs (Christophe et Brice) participaient. La présence de ma Fondation portait à quatre le nombre des représentants de la France qui furent privés de leur plus important porte-parole officiel, François Pujolas, délégué du gouvernement, pour cause d'élection présidentielle, contre 58 représentants officiels japonais et leurs 138 invités.

Ainsi va la vie...

France, tes défenseurs de baleines foutent le camp !

Il y eut également les pauvres chiens de Corée qui continuent à servir de ragoût malgré mes multiples interventions. Ma révolte fut si grande que ma Fondation reçut sept mille e-mails menaçant ma vie, me condamnant à mort, me traitant de tous les noms les plus abjects.

---

1. En mars 2002, une émission diffusée par M6 a montré le rappeur frappant à coups de poings un petit singe. La Fondation a porté plainte et Joey Starr a été condamné à une amende pour mauvais traitement et reconnu coupable de détention illégale d'un animal protégé par la convention de Washington.

Mais rien n'y fit.

Ils ont alors réagi violemment avec une provocation écœurante : ils font servir du « jus de chien » glacé dans les stades en concurrence au Coca Cola. Et puis, la Fédération française de football m'a laissée tomber...

Ainsi va la vie...

France, ton football fout le camp !

Il y eut aussi la décision prise par notre conseil d'administration d'agrandir le parc des ours martyrisés par les tziganes à Belitza, en Bulgarie, afin de pouvoir recueillir tous ceux qui meurent à la suite de mauvais traitements.

Vive la vie !

Grâce à la Fondation, les ours capturés retrouveront leur dignité.

Et puis, il y eut ce prix [1] « My Way » que l'Autriche m'a attribué pour mon combat sans relâche depuis trente ans. C'est un bel hommage rendu aussi à ma Fondation, c'est un encouragement pour tous ceux qui, quotidiennement, partagent les peines et les douleurs des animaux.

Nul n'est prophète en son pays !

Ainsi va la vie...

France, ne laisse pas s'envoler ceux qui portent fièrement tes couleurs.

Enfin, nous voici face à un nouveau gouvernement qui avant d'être élu officiellement faisait la « pêche » aux voix des chasseurs ! Comme saint Thomas, je ne crois que ce que je vois... Hélas, je ne vois rien venir de différent, nous tournons en rond. À part les crottes de chiens, scandaleusement interdites dans les caniveaux, alors que les crachats, les seringues et autres détritus y sont admis.

---

1. La liste de tous les prix décernés à Brigitte Bardot pour son engagement dans la protection animale figure dans les annexes, à la fin de ce livre.

Les vaches continuent d'être folles, les moutons toujours atteints de fièvre aphteuse, les poules porteuses de dioxine sont condamnées au bûcher.

Ainsi va la vie…

France, ton pays se barre en « c… », comme dirait l'humoriste Jean-Marie Bigard.

*25 mai 2002, en Autriche – Sur le chemin de la remise du Prix « My Way ». J'ai succédé au Professeur Christian Barnard pour sa fondation d'aide aux enfants victimes de Tchernobyl et à l'acteur autrichien Karlheinz Böhm pour son action en faveur des Éthiopiens. Après moi, les lauréats sont : Lech Walesa, le pape Jean-Paul II et la reine Rania de Jordanie.*

*Charlot*

*Avec ma douce Tania. Si craintive, elle n'était rassurée qu'à mes côtés. Rescapée du refuge des Mureaux, elle me suivait comme une ombre. Elle me manquera toujours...*

*Sur le ponton de La Madrague en 1990. Ma Tania adorée (à droite) semble bien indifférente au photographe. À ses côtés (à partir de la gauche), Lady, Vénus et Kibis. Ce sont mes amours, ils marchent dans mes pas et m'aident à vivre...*

# Tania, mon ombre et ma lumière

Elle était mon ombre et ma lumière.

Accrochée à mes pas, je lui servais de guide ; partout où j'allais, elle allait, bravant les douleurs de ses membres meurtris et de ses yeux devenus inutiles. Elle séchait mes larmes, attentive à toutes mes détresses, présente et douce depuis ce jour de 1992 où nous avons été, l'une et l'autre, frappées d'un coup de foudre inattendu dans les anciens bureaux de la Fondation, rue Franklin. Sortie par miracle du mouroir des Mureaux, elle venait d'être stérilisée et semblait m'attendre.

Je lui dois dix années de bonheur partagé, de complicité unique, d'attachement bouleversant.

La chaleur caniculaire de cette journée du 17 juin 2002 à Saint-Tropez a eu raison de son courage et de sa vaillance. Son cœur très faible n'a pas résisté à une très forte attaque cérébrale, qui l'emporta en quelques minutes dans la nuit. Je l'avais cherchée partout et, à 5 heures du matin, je l'ai découverte dans un massif de lierre où elle avait essayé de trouver la fraîcheur de sa survie.

Elle fut avec Nini, ma première setter, la plus proche de mon cœur. Mes larmes intarissables n'ont plus ma Tania pour les boire.

Je t'aime.

*
* *

Et Charlot, mon gros nounours qui avait été lâchement abandonné en 1999. Ce vieux labrador fut un exemple de douceur, d'intelligence, de propreté jusqu'au jour où, paralysé et aveugle, il mit lui-même fin à ses jours en refusant toute nourriture. Il est mort le 10 mai dernier.

Que Dieu te garde, mon Charlot bien-aimé.

# FOURRURE
## SIGNE EXTERIEUR DE CRUAUTE

Emprisonnés à vie, les pattes tordues par des cages grillagées, les animaux d'élevage sont condamnés à la souffrance. Stressés, meurtris, certains s'entre-dévoreront, les autres seront gazés ou électrocutés.

Chaque année, 30 millions d'animaux vivent cet enfer et meurent dans d'atroces conditions.

**Porter de la fourrure est un acte criminel !**

**France-Soir** Jeudi 28 juillet 1994

BB s'en prend aux fourrures de Sophia

Sophia Loren vient de signer un contrat d'exclusivité avec une marque de fourrure. Colère de Brigitte Bardot, qui taille une veste à la belle Italienne avec des mots forts.

*En juillet 1994, j'avais critiqué Sophia Loren parce qu'elle avait signé un contrat avec une marque de fourrure dont elle faisait la promotion.*

*Au rythme où le Japon, l'Islande et la Norvège déciment les baleines, cet animal magnifique est menacé de disparition totale...*

# L'argent : nouvelle religion diabolique

Tout va de travers.

Les hommes souffrent, les animaux trinquent pendant que les puissants dirigeants du monde se réunissent [1], une fois de plus, constatant avec force et palabres que la Terre est malade. Rendez-vous ailleurs, dans dix ans, pour en parler encore, sans réagir…

Pourtant il est urgent de remettre les pendules à l'heure, d'épargner ce qui peut encore être sauvé, protégé.

À la dernière réunion de la Commission baleinière internationale au Japon, le quota de destruction des baleines a été augmenté au nom de prétendues études scientifiques qui se terminent au vu et au su de tout le monde sur les étals des marchés et dans les assiettes des consommateurs.

C'est une honte !

La CITES doit se réunir à Santiago du Chili en novembre 2002 pour déterminer si oui ou non les éléphants doivent être, pour être protégés d'un commerce immonde, remis en Annexe I alors qu'ils sont passés en Annexe II depuis 1997 et que malgré les très médiatiques mises à feu de milliers de leurs défenses d'ivoire dans les pays d'Afrique, on continue de les abattre sous prétexte qu'ils détruisent les cultures. Ils sont surtout la base d'un juteux commerce en Extrême-Orient.

C'est scandaleux !

Il en va de même pour les rhinocéros, les grands singes, les gorilles, les chimpanzés dont je vous ai déjà raconté la terrible destinée.

Comment peut-on laisser faire tout ça ?

---

1. Allusion à la réunion annuelle des chefs d'États du G8 (Allemagne – Canada – États-Unis – France – Italie – Japon – Royaume-Uni et Russie) qui s'est tenue à Kananaskis (Canada) en juin 2002.

Au nom de quelle force maléfique l'être humain peut-il à ce point devenir monstrueux ?

Au nom du fric, du pognon, de l'argent qui est devenu la religion diabolique de l'homme.

Et la fourrure !

Mise à toutes les sauces, tricotée en pulls, tannée en sacs, en pantoufles, tissée en jupes, alléchante pour les jeunes générations qui boudaient les manteaux BCBG de leurs mères. Il n'y en a jamais eu autant, avec autant d'attrait, de succès. Comment endiguer cette nouvelle mode, cette déferlante ? Pourtant il y avait eu une rémission à la fin des années 90.

C'est horrible !

Tout cela doit cesser.

Je vous embrasse très fort et je compte sur vous pour le prochain NOËL DES ANIMAUX.

*Août 2001 – Dans mon bureau de la Fondation avec Thibault (le chien) et Enzo.*

*10 juin 2002 – Notre première clinique mobile vient de nous être livrée devant la Fondation. Sa première mission sera de stériliser les chiens errants de Bucarest puis ceux de Belgrade.*

*Avec Allain Bougrain-Dubourg, à l'intérieur de la clinique mobile.*

*Notre clinique mobile en intervention dans les pays de l'Est (Roumanie et Bulgarie).*

*Septembre 1994 – À Bazoches avec Kibis, je bois un verre de champagne à notre santé. J'ai 60 ans !*

*Avec mes chats affamés dans la cuisine de La Madrague.*

# Kibis, mon petit prince

Cet adorable setter anglais qui pose tendrement sa patte sur mon bras, le jour de mes 60 ans à Bazoches, vient à son tour de me quitter, terrassé à 14 ans par une violente et imprévisible montée d'urée due à la chaleur accablante du 28 août 2002. Cette nouvelle épreuve inattendue et cuisante transforme cet été en un deuil incessant [1].

Il a toujours eu l'air d'un gamin, svelte, élégant, discret, extrêmement doux et affectueux. Il était un poète, courant après les papillons et les mouettes, adorant dormir et se mettre à table, à ma table, où il prenait régulièrement place en se tenant très droit mais sachant, par un langage qui lui était particulier, me faire part de son impatience à partager mon repas.

Il était arrivé dans ma vie un jour de juin 1989, sorti du refuge de Rambouillet qui avait accueilli tous les chiens sauvés par un commando lors de la Dog-Connection du Sud-Ouest. C'était l'année des « K » ; Kiwi, lui aussi récupéré de cet infernal trafic, venait de se faire écraser à Bazoches me laissant dans une immense peine. Comme ils se ressemblaient, je l'ai appelé « Ki-Bis ». Il avait un an.

Entre nous ce fut un coup de foudre.

Il m'a donné treize années de bonheur, de délicatesse et de tendresse. Sa douce et chaude présence s'est transformée en souvenirs lumineux et charmants, à son image !

---

1. Beaucoup d'autres animaux trouveront la mort cet été-là chez Brigitte. Parmi eux, Jimmy (labrador de 15 ans) et cinq chats (Jenny, Rigolote, Mickey, Mamoune et Pelote).

The Rest of the Warrior

*15 décembre 2002 – Noël des animaux.
Avec mon ami Robert Hossein (qui fut mon
partenaire dans Le Repos du guerrier, en
1962), toujours à mes côtés pour soutenir
ma cause.*

*15 décembre 2002 – Noël des animaux
à l'Espace Auteuil. Avec Jean-Paul
Belmondo, qui m'a fait la surprise et le
bonheur de venir me saluer ce jour-là.
Il a adopté Corail, la petite chienne que
j'ai en laisse.*

# Noël : la fête des « saigneurs »

Je ne le redirai jamais assez, même si je me répète à l'infini, ces festivités de Noël et du jour de l'An, devenues païennes à force de consommation, ne représentent plus que de juteux chiffres d'affaires basés sur des sacrifices d'animaux.

C'est une débauche de tortures, de massacres : chevreuils exposés à l'étal des bouchers, homards ébouillantés vivants, dindes farcies, oies et canards aux foies gavés, cochons saignés pour le boudin, esturgeons éventrés pour le caviar, grenouilles écartelées, chapons aux testicules arrachés.

Les vivants autour de la table, les morts au milieu !

La naissance du Seigneur est devenue la fête des « saigneurs ». Et sous le sapin aux guirlandes aguichantes se cachent peut-être d'autres martyrs si les paquets cadeaux contiennent de la fourrure.

Joyeux Noël ! Pour qui… ? Bonne année ! Pour quoi… ?

Pour les chiens encore abandonnés au nom des sacro-saintes vacances d'hiver rejoignant en pointillés incessants celles d'été ?

Je dénonce les pratiques traditionnelles qui envahissent notre société, les assassins qui poussent les condamnés vers les abattoirs, les chasseurs qui exterminent les « gibiers » de nos réveillons et tuent avec bonne conscience sachant qu'ils « nous » feront profiter joyeusement de leurs meurtres.

Jésus est né dans une étable, pauvre, loin, si loin de toute cette mise en scène qui célèbre sa venue au monde. Le bœuf qui le réchauffait de son haleine n'était pas promis au couteau du boucher qui, pour fêter cet anniversaire, lui tranchera la gorge pour nous permettre de festoyer. J'aimerais tant qu'il existe de vrais Noëls, une paix sur la Terre pour nous et tous les animaux.

Une véritable fête sans sacrifices.

Alors oui, nous mériterions qu'enfin une bonne et belle année 2003 s'ouvre à tous sans exception !

*Vue d'ensemble de La Mare Auzou, notre refuge et maison de retraite pour vieux animaux dans l'Eure.*

*À La Mare Auzou : beaucoup de chiens vivent en liberté dans la propriété.*

N'ACHETEZ PAS... ADOPTEZ !

**FONDATION BRIGITTE BARDOT**
*Reconnue d'utilité publique*
28, rue Vineuse - 75116 Paris

Tél. : 01 45 05 14 60
Fax : 01 45 05 14 80
http://www.fondationbrigittebardot.fr

# Une preuve d'amour

Toute vérité n'est pas bonne à dire.
Pourtant les faits sont là…
Trop de chiens !

C'est un appel au secours que je vous adresse !
Venez adopter un de nos petits protégés.

Le désespoir de ces chiens me rend triste et malade, même si La Mare Auzou est un lieu privilégié : tous ces animaux attendent la chaleur, la douceur d'un foyer, d'un maître. Nous avons des chiens de race achetés à des prix faramineux par des irresponsables qui s'en séparent rapidement. Nous avons ainsi des huskies, des labradors, des bichons, des caniches, des bergers allemands, tous stérilisés, castrés, tatoués et vaccinés.

Noua avons longuement évoqué ce grave problème avec M. Gaymard, ministre de l'Agriculture, lors du rendez-vous du 4 février 2003. Même s'il partage notre point de vue et a décidé d'œuvrer dans le même sens que nous, il est impossible de faire changer les choses du jour au lendemain.

C'est le massacre des innocents.
Il faut regarder la réalité en face.
Il faut faire stériliser les femelles et castrer les mâles.
Ne plus invoquer le fait qu'on aimerait bien avoir, une fois, des bébés de la chienne qu'on aime tant !

L'amour, la preuve d'amour la plus belle et la plus précieuse est de réduire autant que faire se peut la surpopulation des animaux domestiques.

*4 février 2003 – Entourée du ministre de l'Agriculure, Hervé Gaymard, et du député des Alpes-Maritimes, Lionnel Luca, administrateur de ma Fondation, qui me soutient toujours avec fidélité.*

toute ma Fondation et
lui même sommes bouleversés.

Nous perdons un être cher
unique, merveilleux, un ami de
combat, un allié puissant, un homme
d'une élégance rare, d'une sensibilité
en voie de disparition –
Personnellement je pleure un frère,
un soutien, un refuge, un exemple ! –

tristement

*21 septembre 1993 – Conférence de presse avec le Prince Sadruddin Aga Khan (qui nous a quitté le 12 mai 2003)*

# Monsieur le ministre est sourd

On me reproche souvent d'écrire des textes larmoyants.
C'est vrai !
J'aimerais vous raconter que tout va bien dans le meilleur des mondes possibles, mais, hélas, ce n'est pas le cas.

Nous nous battons toujours pour l'amélioration des transports des animaux de consommation.

Avec l'aide des 325 députés européens et des 149 parlementaires français qui nous soutiennent, et que nous remercions, nous reprenons l'espoir que notre ministre de l'Agriculture, M. Gaymard, nous avait carrément enlevé ! Nous lui avions demandé d'interdire la commercialisation en France des peaux d'animaux domestiques, chats et chiens, destinées aux fourrures tellement utilisées par nos couturiers [1]. Mais il semble sourd à ce problème qui serait pourtant si facile à régler.

M. Gaymard doit souffrir d'un mal auditif grave car, malgré nos nombreuses suppliques, il n'a toujours rien fait pour endiguer la surpopulation canine et féline, laissant libre le scandaleux trafic de chiots (dont j'ai maintes fois parlé…).

Quant aux élevages, ils continuent à produire, en veux-tu, en voilà, des chiens de race à la mode qui finiront abandonnés, saturant les refuges de France qui déjà ferment leurs portes à cause de la surpopulation.

N'abandonnez pas ! N'abandonnez plus !
Les chiens souffrent, ils ne sont pas des objets.
Il y en a trop, mais ils n'y sont pour rien.
Bonnes vacances, avec votre (ou vos) quatre-pattes.

---

1. En décembre 2002, Brigitte s'était révoltée contre le créateur Jean-Claude Jitrois qui osait proposer des manteaux de fourrure avec un col en peau de chat !

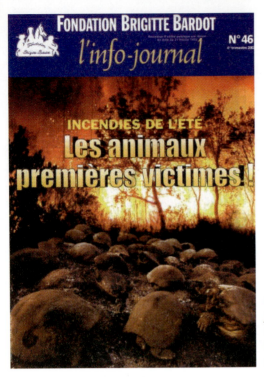

FONDATION BRIGITTE BARDOT
l'info-journal
N° 46

INCENDIES DE L'ÉTÉ
Les animaux premières victimes !

*Chaque été, la Côte d'Azur est ravagée par des incendies, souvent d'origine criminelle.
On oublie trop que des milliers d'animaux périssent dans les flammes !*

*Ces pauvres moutons, qui n'ont pas survécu à l'enfer des transports, sont jetés à la benne à ordure, comme de vulgaires déchets !*

# L'été meurtrier

L'été meurtrier !

Oui, je viens de le vivre sur cette Côte d'Azur devenue Côte d'Enfer, où la chaleur accablante et les incendies incessants ont transformé notre belle Provence en infernal mouroir d'humains et d'animaux.

Pauvres gens ! Pauvres bêtes !

Partout la désolation, l'agonie, la terreur, la mort, malgré les touristes et les feux d'artifice. Les animaux domestiques ont payé un lourd tribut. Les vieux, les fragiles, ont succombé à une hyperthermie foudroyante ; les chats et les chiens, victimes d'un coup de chaud, n'ont pas résisté.

Et puis il y a les sauvages : sangliers, écureuils, renards, tortues, hérissons, lapins, lièvres, oiseaux diurnes et nocturnes, mulots, petits rats, reptiles, etc. Pris dans le vertige des feux tournants, asphyxiés par des fumées épaisses, aveuglés, transformés en torche vivante, portant ailleurs l'incendie de leur corps enflammé.

L'horreur... l'horreur !

Ces chevaux de ranchs libérés par des maîtres responsables et humains qui ont traversé les flammes au grand galop... advienne que pourra, et retrouvés vivants le lendemain, réfugiés au cœur d'un espace déjà brûlé, donc à l'abri, quelle intelligence ! Par contre, l'éleveur d'autruches de Sainte-Maxime les a laissées cramer vivantes, enfermées dans leur enclos, afin de compter les cadavres et de se faire rembourser par les assurances !

Il n'y a pas de petits profits quand on élève des animaux de boucherie.

Pouah !

Le bilan est catastrophique pour les animaux car la Côte d'Azur, avec la canicule et ses incendies, n'a pas été la seule en cause. Un peu partout en France, des millions de poules en batterie ont succombé de manière atroce, suffocant, étouffant, enfermées dans ces hangars de la mort chauffés à blanc où le thermomètre atteignait jusqu'à 60 °C.

Constat sordide d'un « progrès » assassin antinaturel à abolir d'urgence.

Le prix à payer est trop lourd pour tous les animaux destinés à être mangés.

Comme cet élevage de dix mille cochons coincés à vie par des barres de contention, ne pouvant ni se retourner, ni se gratter, attachés à leur mangeoire pour un engraissement ultra rapide, qui ont reçu la foudre sur les tôles ondulées de leur mégaporcherie et ont grillé vifs dans des hurlements de douleur, incapables de bouger, de se sauver.

Pire que la chaise électrique.

C'est à vomir !

Sans parler (une fois de plus !) des transports des animaux de consommation qui quotidiennement passent les frontières de la Communauté européenne pour être acheminés un peu partout en Europe, au Maghreb ou dans les Émirats arabes, sans manger, sans boire, tassés les uns contre les autres, sans escale, pendant plus de cinquante ou soixante heures dans ces camions ou cargos fournaise de la mort, où les cadavres trouvés à l'arrivée font partie des « pertes et profits » inhérents à tout commerce.

Dur à lire, j'en conviens, mais il faut le savoir.

S'occuper du mieux-être des animaux est un sacerdoce où l'on donne sans recevoir ou si peu. La confiance que vous nous apportez est le réconfort du combat qu'un jour nous gagnerons.

Si Dieu le veut.

Je vous embrasse.

(Le NOËL DES ANIMAUX aura lieu à la Porte d'Auteuil comme chaque année. Venez nombreux, ils sont nombreux à vous attendre. Oh oui, venez !)

J'en profite pour remercier les milliers de personnes qui m'ont témoigné leur affection et leur soutien à la suite de l'émission [1] de France 3 mais aussi pour ma fête et mon anniversaire. Je n'ai pu répondre personnellement à chacun d'entre vous, comme je le fais d'habitude, mais sachez que j'ai lu tous vos merveilleux courriers.

Merci du fond du cœur de votre fidèle amitié.

*Une émission dont je me souviendrai longtemps… Elle avait commencé par un bel hommage pour finir en procès digne de l'Inquisition !*

---

1. *On ne peut pas plaire à tout le monde* (diffusée le 12 mai 2003 sur France 3), où l'animateur Marc-Olivier Fogiel avait malmené Brigitte Bardot et déclenché des milliers de protestations (par courrier ou par e-mail).

*Corée. Ces pauvres chiens en cage ne savent pas qu'ils attendent d'être achetés pour être... mangés ! Les vivants et les morts se côtoient. Je n'arrive pas à imaginer qu'une telle horreur existe encore...*

*13 décembre 2003 – Espace Auteuil. Sur le podium avec Patrick Sébastien (notre parrain), Serge Belais (président de la SPA) et l'animateur. J'essaie de faire adopter de malheureux chiens abandonnés. Certains connaîtront la joie d'un Noël en famille.*

# La force de vaincre

Après cette fin d'année très dure, je ne peux que souhaiter, vous souhaiter et souhaiter aux animaux une année 2004 plus clémente pour le monde.

Je pense avec reconnaissance à tous ceux et celles qui par leurs dons, leurs legs, leur générosité nous permettent de perdurer, d'entreprendre et de mener tant de combats et de soulager tant de misères !

Vous êtes près de 56 000 à nous aider en France et dans 60 pays étrangers.

Vous êtes notre puissance et notre énergie.

Grâce à vous nous opposons à nos adversaires une force qu'ils ne peuvent mépriser.

Grâce à vous nous obtenons à force de harcèlement que le ministre de l'Agriculture interdise enfin l'importation des peaux de chiens et de chats et tous leurs dérivés.

C'est officiel !

Merci, M. Hervé Gaymard.

Grâce à vous nous espérons enfin mettre fin à la zoophilie avec l'appui d'une majorité de parlementaires, de députés et de sénateurs. Dominique Perben (ministre de la Justice) se doit de réagir à une telle monstruosité.

Grâce à vous nous avons agrandi notre domaine pour les malheureux ours de Bulgarie.

Grâce à vous nous aidons les éléphants de Thaïlande, les équidés de Tunisie, les chimpanzés d'Aliette Jamart [1] au Congo et ceux de Jane Goodall [2] en Tanzanie.

---

1. Consacre sa vie à la protection des chimpanzés. A créé en 1990 la Fondation Help Congo.
2. Docteur d'éthologie (science du comportement animal), spécialiste de l'étude des chimpanzés.

Notre clinique mobile stérilise un peu partout et nous tentons toujours de faire admettre aux Coréens que manger du chien est une terrible erreur et une scandaleuse horreur. Nous essayons inlassablement de sauver les dauphins, les baleines, les orques, les phoques…

Grâce à vous nous verrons peut-être la fin des transports scandaleux d'animaux vivants pour la boucherie.

Grâce à vous nous avons la force de vaincre.

Alors je ne vous dirai jamais à quel point je vous suis redevable, à quel point je vous aime et vous remercie pour toute cette confiance que vous m'accordez.

Ce dernier Noël des Animaux avec Patrick Sébastien comme parrain a donné un foyer à 618 chiens et chats. Même s'ils n'ont pas tous été adoptés, ils auront eu l'espoir de l'être !

On dit que l'espoir fait vivre…

Bonne année à vous tous mes amis, que Dieu vous garde.

*P.S.* : ne mangez pas trop de foie gras, peut-être même… pas du tout !

*Chaque jour Mélodie vient me réclamer une friandise à La Garrigue.*

*Saint-Tropez, 1999 – Pour la promotion du second tome de mes mémoires* Le Carré de Pluton, *j'avais accepté une séance de photos. Celle-ci, avec mon Bibi chéri, est l'une de mes préférées.*

*Avec mon ami Christian Huchédé, président-fondateur du Refuge de l'Arche (Mayenne), qui accueille toujours les animaux sauvages (ou exotiques) que nous lui envoyons. N'en jetez plus, l'Arche est pleine !*

*11 février 2004 – J'ai été reçue par le Docteur Dalil Boubakeur et l'imam de la Grande Mosquée de Paris. Ils ont accepté le principe de l'étourdissement préalable (par électronarcose) des moutons avant égorgement. Une avancée très importante, qui devra être mise en application par le gouvernement. Et là, c'est une autre affaire…*

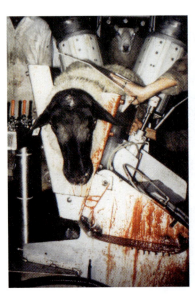
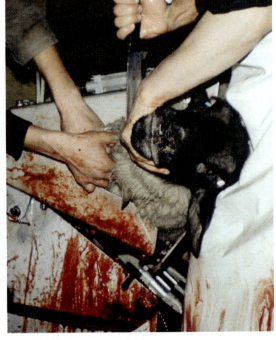

*L'égorgement d'un mouton dans un abattoir officiel.*
*Pour moi, c'est toujours insoutenable : ce pauvre animal est conscient*
*alors qu'il serait si simple de l'étourdir avant le couteau !*

# Des robots déshumanisés

Le monde est devenu un immense abattoir et les hommes qui le peuplent ne sont plus que des tubes digestifs.

L'éradication systématique de tout ce qui bouge et ressemble à un animal, quel qu'il soit, est devenue la seule solution aux problèmes multiples et variés que l'être dit « humain » a trouvé pour résoudre les méfaits dont il est à la base responsable.

Il ne faut pas oublier que les animaux sont, avant toute considération économique, des êtres de chair, de sang, reconnus scientifiquement comme sensibles à la douleur, au stress. Instinctivement plus aptes que nous à sentir la mort, la peur, l'épouvante, les animaux peuvent même prévoir les catastrophes naturelles avant que nous en ayons eu la moindre perception.

Or, l'être humain, qui dans le Larousse est défini comme « *sensible à la pitié, bienfaisant, secourable* », se transforme en robot déshumanisé dont le seul et unique but est de tirer un profit démesuré de ces animaux qui lui sont soumis. Ceux-ci ne peuvent d'aucune manière se défendre d'une barbarie envahissante, laquelle ne fait que croître dans tous les domaines, ensanglantant la Terre du sang et de la mort ignoble, injustifiée, force humaine contre immense faiblesse de ceux que nous considérons désormais comme des produits de rentabilité.

Les grands génocides animaliers sont à la base d'une irresponsabilité humaine lamentable et scandaleuse, toujours dictée par des profits ou des traditions acharnées qui au XXIe siècle n'ont plus aucune raison d'être.

J'en arrive à l'essentiel : la vache folle !

Pauvres bêtes qui ont ingurgité pendant des années une nourriture nauséabonde faite des restes de carcasses de leurs congénères et autres cadavres d'animaux récupérés par l'homme et transformés en farines afin que rien ne se perde, obligeant ainsi des herbivores à devenir cannibales.

Sacrifiées par milliers, contaminées ou non, par mesure de précaution, traçabilité oblige !

Dans le doute, des troupeaux entiers passent au four crématoire ; même si parmi eux des centaines sont sains, on ne fait pas de quartier !

Le gouvernement se félicite des mesures prises qui endigueront toute suite tragique !

Mais ne serait-il pas plus sage, plus humain, de prévenir, de guérir, de prévoir plutôt que de massacrer par tonnes : une véritable « Gestapo du bétail » ! Les éleveurs tragiquement démunis, les étables et les bergeries dramatiquement inutiles, vidées de leurs odeurs, de leurs bêtes, de leur vie, de leurs ancestrales traditions de traite, de mise bas, de chaleur animale.

La tremblante du mouton, la fièvre aphteuse, encore d'autres épidémies incontrôlées, mais pourquoi ?

Et puis tout le reste ailleurs : en Corée, en Chine, en Thaïlande, l'ignoble marché des chiens, des chats pour la consommation, animaux sacrifiés de manière plus que barbare, battus à mort, pendus, pour attendrir la viande, découpés encore vivants les uns devant les autres, atroce constat, ignoble tradition. Leurs fourrures viendront se vendre en Europe sous le pseudonyme de « loup de Birmanie » et de « loutre du Brésil » pour les chats !

Maintenant il y a une nouvelle horreur qui concerne les volailles des pays asiatiques et porte le nom de « grippe aviaire ». N'ayant pour le moment été épidémique que pour une vingtaine de cas, ce qui sur une population de plus d'un milliard ne paraît pas être terrifiant (par rapport à la canicule de l'été 2003 qui, en quinze jours, a fait en France 15 000 victimes), elle a, par contre, d'une manière radicale, exterminé en deux semaines 50 millions de volatiles de façon abominable !

Même atrocité pour les civettes, genre de petits carnassiers très prisés par les Asiatiques qui en font du ragoût. Ces pauvres bêtes ont subi (avant les poules) les conséquences d'une épidémie qui a mis fin radicalement à leurs jours : 50 000 sont mortes noyées dans un liquide désinfectant qui les brûlait en les asphyxiant.

Plus proche de nous, au nord de l'Écosse et du Danemark : les îles Féroé.

Qui a vu le vendredi 6 février 2004 le reportage de *Thalassa* ?

Tous les bateaux faisant front dans un fjord, poussant les globicéphales, ces petites baleines, vers la côte où les attendait une population hystérique (et même des enfants) courant dans l'eau pour les massacrer à coups de couteaux, de haches, de scies, de pieux. La mer est rouge du sang des 150 victimes qui doivent être exterminées en quinze minutes ! C'est un cauchemar, une hallucination, une épouvante perpétuée par une tradition datant de six cents ans et immuable !

Mais où est donc l'être « humain » là-dedans ?

*

* *

Chez nous, en France, toujours le massacre annuel des moutons pour la fête de l'Aïd-el-Kébir dont je vous ai si souvent parlé. Chaque chef de famille musulman doit égorger « dans la joie » son mouton acheté la veille. Mouton entravé, jeté souvent dans le coffre de la voiture et égorgé conscient à la va-vite : dans une cour, une prairie, une ferme, une baignoire ou un escalier d'immeuble. Après des années de supplications de ma part, le gouvernement essaye frileusement d'exiger des abattoirs mais pour le moment trop de dérogations sont encore acceptées car on ne veut pas faire de vagues… Les autorités ne se sentent pas responsables.

Alors, on se bouche les yeux et les oreilles.

Du coup, c'est au grand chef musulman que je me suis adressée, M. Dalil Boubakeur. Si nous arrivons un jour à faire étourdir les animaux sacrifiés rituellement, ce sera grâce à la compréhension de cet homme que nous le devrons en espérant que les responsables de notre gouvernement suivent d'urgence cette prise de position indispensable que j'attends depuis vingt ans !

*

* *

Dans la suite des « menus » divers et variés qui engraissent nos populations jusqu'à l'obésité, devenue avec le cholestérol une des principales causes de maladies graves en France, nous avons à subir, à accepter, l'inconcevable consommation de viande équine. Oui, nous avons, avec la Belgique et l'Italie, le privilège mondial et scandaleux de nous nourrir de cheval.

Envoyer un cheval à l'abattoir est une des abominations les plus intolérables qu'un être humain puisse faire. Ces animaux extrêmement sensibles aux moindres gestes brusques sentent la mort et tentent désespérément d'y échapper jusqu'au dernier moment. Ils ne comprennent pas, eux qui ont été nos si proches compagnons des bons et des mauvais jours, eux qui ont gagné des courses à la sueur de leurs vies, eux qui ont traîné nos charrettes et appris à nos enfants l'équitation, eux qui ont labouré nos champs, eux qui furent nos seuls moyens de locomotion, porteurs de guerriers, emblèmes des fastes des fêtes républicaines.

Et puisqu'il faut se nourrir jusqu'à ce qu'on s'en rende malade et qu'on en crève, nous avons encore à disposition dans les super-marchés du kangourou, de l'autruche, du sanglier, du cerf, de l'antilope, des grenouilles, des escargots, du caviar, du foie gras, du saumon, du thon, des sardines, des poissons de toutes espèces devenus carrés, sous plastique, sans goût ni grâce.
Avons-nous la faculté d'oublier que toutes ces chairs furent vivantes, sommes-nous devenus robotisés au point d'ignorer la souffrance, la douleur que nous avons à digérer chaque jour ?

C'est une prise de conscience difficile mais indispensable que je remets entre vos mains, espérant qu'il en ressortira autre chose qu'une indigestion…

*Le massacre annuel de plus de 800 cétacés aux îles Féroé (Danemark). Un bain de sang dans lequel même les enfants s'amusent. En 2004, j'ai supplié (en vain) la reine du Danemark de mettre fin à cette tradition.*

*Qui peut encore rester insensible ?*

# Premier Parc à ours en Bulgarie

*5 juin 2004 – Belitza (Bulgarie). Inauguration du sanctuaire pour « ours dansants » réalisé et financé par ma Fondation et l'association autrichienne Vier Pfoten. Mme Margarita Acebo, l'épouse du Premier ministre bulgare, coupe le ruban (à gauche) tandis que ma directrice, Mme Calmels-Bock, prononce un discours devant Son Excellence Siméon de Saxe-Cobourg-Gotha (Premier ministre).*

*Monté sur pilotis, le centre de surveillance du Parc aux ours s'intègre bien dans la nature.*

*Montreur d'ours dans une rue en Bulgarie. Une image qui appartient désormais au passé...*

# Une lutte sur tous les fronts

Bonne nouvelle !

Ça me fait plaisir de vous annoncer enfin l'ouverture officielle de notre magnifique sanctuaire pour les ours, à Belitza, en
Bulgarie. Le plus grand parc d'Europe, qui a été inauguré le
5 juin 2004 par toute l'équipe de ma Fondation, ma directrice
générale, Mme Ghyslaine Calmels-Bock (à l'origine de cette
fantastique réalisation), entourés du Premier ministre bulgare,
M. Siméon de Saxe-Cobourg-Gotha, des représentants du ministère de l'Environnement et de l'Ambassade de France, de nos
partenaires autrichiens Vier Pfoten, qui sont associés à 50 %
dans cette affaire, de dizaines de journalistes du monde entier, et
du Patriarche de l'Église orthodoxe qui a béni nos ours.

Ce fut émouvant et magique.

Émouvant parce qu'après cinq années de tractations, de problèmes administratifs, de permis de construire, de sommes importantes à investir, il fallut faire voter une loi bulgare interdisant de
vendre, d'acheter ou d'exhiber l'ours brun devant un public.
Pauvres animaux martyrs, tyrannisés par des tziganes, mis sur
des charbons brûlants pendant que jouait le tambourin ce qui, par
réflexe, leur fait lever les pattes dès que le son se précise, attachés
par des anneaux perforant leurs naseaux, qui, même une fois
retirés, laissent à jamais des cicatrices entamant la chair fragile
et douloureuse.

Magique parce que nous avons déjà racheté plus d'une
dizaine de ces victimes et que nous nous apprêtons à sauver les
douze autres qui pourrissent encore dans des cages minuscules,
dans un état lamentable : déshydratés, squelettiques, purulents,
galeux, affamés.

C'est un bel exemple que la Bulgarie nous a permis de
donner à tous les pays de l'Est qui ne sont pas tous humains.

Pour preuve, la Roumanie. Non content de massacrer (malgré notre intervention dont je vous ai déjà informé) tous les chiens errants, ce pays a décidé d'ouvrir le plus grand marché de chasse aux espèces les plus rares que l'on trouve encore là-bas. Des quotas faramineux à des prix scandaleux pour renflouer les caisses de l'État. Cinq mille euros pour des trophées d'ours, de loups, de lynx, de renards, etc. Deux cents pays furent invités à partager ce massacre.

M. Nastase, le Premier ministre, à l'origine de cette saloperie, fut reçu le 30 avril 2004 par Jacques Chirac et Jean-Pierre Raffarin. Par téléphone, je les suppliai, tous les deux, d'intervenir afin de le dissuader de détruire un patrimoine unique, une réserve écologique, une faune rarissime. Je fus entendue et je leur en suis infiniment reconnaissante car les dépêches d'agences de presse ne parlèrent que du problème de la destruction d'espèces protégées, oubliant la cause principale de la visite du ministre roumain : l'Airbus !

Hélas, peu de journaux l'évoquèrent en France, le 1er mai étant jour férié. Mais en Roumanie, ce fut le tollé, un scandale national, et M. Nastase revint dans son pays… la queue basse.

Nous avons aussi rencontré la ministre des DOM-TOM, Mme Brigitte Girardin, à laquelle nous avons fait découvrir l'atroce coutume réunionnaise qui consiste à utiliser des chiens vivants (auxquels on accroche des hameçons dans les babines) comme appâts pour la pêche au gros. Elle l'ignorait ! Peu de gens le savent car c'est formellement interdit mais pratiqué couramment. Tant de chiens errants, malades, affamés, se reproduisent de manière incontrôlée sur toutes ces îles, malheu-reuses victimes d'une cruauté humaine sans limite. Nous avons prévu un projet de stérilisation qui, à long terme, rééquilibrerait les choses mais c'est long à mettre en place…

Nous attendons toujours que le ministre des Cultes, M. de Villepin, en accord avec les autorités religieuses musulmanes et M. Dalil Boubakeur, mette enfin les abattoirs halal en confor-mité avec l'étourdissement préalable !

Ma Fondation s'investit dans un travail titanesque sur tous les fronts, s'épuise à sauver, à convaincre, à tenter l'impossible dans tous les domaines, et voit arriver les vacances avec détresse et amertume. Pourtant mes collaborateurs auraient besoin de repos, mais les abandons remplissent déjà les refuges saturés, nous sommes nous-mêmes dépassés par leur nombre croissant qui quotidiennement vient submerger notre Mare Auzou.

Alors je vous supplie, je vous conjure de trouver une solution à ce grave problème.

Aidez-nous.

Passez de bonnes vacances mais avec votre chien, votre chat et votre conscience.

Je vous aime et vous remercie.

*Comment les chasseurs peuvent-ils tuer ces adorables animaux ?*

*Décembre 2003 au Noël des animaux – Sur le podium avec Sacha Distel. C'est la dernière fois que nous nous sommes revus. Mon cœur saigne…*

*28 septembre 2000 – J'avais fêté mon anniversaire avec mes collaborateurs de la Fondation. Mama Olga (assise au premier plan), mon imprésario de mes années de « star », nous avait rejoints.*

# Bonjour tristesse

Hélas, une fois encore l'été nous éloigne définitivement de ceux qui n'ont pas supporté ce climat « trop lourd » ou cette saison désormais meurtrière.

La liste est longue et tragique mais parmi mes proches, j'ai pleuré la disparition de Sacha Distel qui nous soutenait encore au dernier NOËL DES ANIMAUX. Cet éternel jeune homme était un homme bien et sûr.

Et puis Mama Olga, ma seconde maman, celle qui a veillé sur toute ma carrière depuis mes débuts et a veillé sur ma vie depuis la mort de maman, en 1978. Elle nous a quittés, me laissant orpheline pour la seconde fois.

C'est dur, très dur.

Pour ajouter encore une peine immense à ces douleurs difficilement acceptables, j'ai dû voir mourir Dolly, ma vieille braque de 14 ans, que j'avais adoptée en 1998 à ma Fondation. Après deux mois de paralysie totale de l'arrière-train due à une tumeur irrémédiable de la moelle épinière mais qu'elle avait acceptée avec courage et bravoure après que nous l'avions soignée, chouchoutée, dorlotée comme un bébé, le cancer a ruiné en trois jours tous nos efforts, ce soir du 9 août 2004 à 23 heures.

Je suis en larmes !

Et pourtant la vie continue et ma Fondation se bat toujours pour faire cesser l'odieux massacre des phoques au Canada qui a prévu un quota d'un million sur trois ans !

Déjà 350 000 tués en 2003, idem pour 2004 et 2005.

Nous avons décidé de faire signer un manifeste par toutes les personnalités américaines, canadiennes et françaises. Isabelle Adjani a accepté d'être mon relais lors d'un voyage au Canada, le 28 août, où elle recevait l'hommage qui lui est dû en tant qu'actrice. Elle a été merveilleuse d'efficacité et l'impact de ses mots devrait faire réagir…

Je remettrai la totalité des manifestes à Kofi Annan [1] afin que l'ONU tente d'infléchir le gouvernement canadien !

Nous attendons toujours que le gouvernement français vote une loi pour les abattoirs musulmans…

J'espère toujours un rendez-vous avec le grand rabbin de France pour tenter d'obtenir de la part des juifs les mêmes améliorations pour la viande casher que pour la viande halal.

Comme l'a dit Guillaume d'Orange [2] :

*Il n'est pas nécessaire d'espérer pour entreprendre,*
*ni de réussir pour persévérer.*

*Ma Dolly si courageuse, handicapée, à La Madrague.*

1. Haut fonctionnaire ghanéen (né en 1938). Secrétaire général de l'ONU depuis 1997.
2. Guillaume III, dit Guillaume d'Orange (1650-1702). Roi d'Angleterre, d'Écosse et d'Irlande de la dynastie des Stuarts.

*Août 2004 à Saint-Tropez – Ma seule rencontre avec Isabelle Adjani. Elle avait accepté de me soutenir en faisant une déclaration virulente contre le massacre des phoques devant les journalistes canadiens le 28 août, au festival de Montréal.*

*Une publicité « choc » qui se passe de commentaires !*

*1969 – Avec Odette Berroyer, ma Dédette, ma maquilleuse, ma petite mère, mon amie de toujours, pour toujours, sur le tournage des* Femmes. *Elle me manque beaucoup...*

# Une âme d'enfant

Merci !

Oh oui, merci de tout mon cœur pour votre immense gentillesse. Grâce à vous, mon anniversaire n'a été qu'une cascade de surprises, de fleurs, de cadeaux, de lettres, de cartes rigolotes, de chèques pour ma Fondation. Votre générosité, votre tendre affection m'ont apporté un réconfort extraordinaire. Je dis aussi un grand merci à toute l'équipe de ma Fondation qui, en cachette, m'a fait la surprise et l'immense honneur de me dédier ce 50e numéro spécial de notre *Info-Journal*. Pour une fois les larmes que j'ai versées étaient de joie, de bonheur, d'émerveillement.

On peut avoir 70 ans et garder une âme d'enfant.

Mais revenons aux choses sérieuses, hélas...

Voilà une année qui se termine avec sa cohorte de problèmes restés irrésolus pour la plupart et son chapelet de gens aimés qui s'en sont allés.

Odette Berroyer, ma maquilleuse dévouée, mon amie, ma petite mère, s'est éteinte le 20 octobre me laissant déchirée et meurtrie après cinquante-deux ans d'une extraordinaire amitié. Il y a aussi Nadia Leclère, une fidèle de la Fondation, une inconditionnelle des animaux, une femme formidable, et enfin ma petite Bélinda [1], 19 ans, ma filleule de cœur de l'association Arc-en-Ciel [2], qui ne rêvait que de me rencontrer et que je n'ai connue et aimée que par téléphone. Trop jeune, trop belle, d'un courage exemplaire. C'est une déchirure.

Adieu mes aimées.

---

1. Décédée durant l'été 2004. Brigitte Bardot a réalisé sa dernière volonté qui était qu'une partie de ses cendres reposent à La Madrague, dans le petit cimetière des animaux face à la mer.
2. BP 17 – 01420 Seyssel – Tél. : 04 50 56 20 01.

Et puis il y a eu le Noël des Animaux, cette fête magique qui s'est organisée cette année, pour la première fois, à Levallois. Grâce à Patrick Balkany, qui nous a reçus à bras ouverts, à cœur ouvert, nous avons pu à nouveau vous proposer tous les petits et grands abandonnés, chiens et chats, qui saturent notre refuge de La Mare Auzou ainsi que ceux de la SPA.

C'est Johnny Hallyday qui était cette année le parrain de cette merveilleuse fête. Si j'étais une fée, j'aurais vidé toutes les cages d'un seul coup de baguette magique. Voir tant d'attente, d'espoir, de supplication dans le regard d'un chien emprisonné et pourtant innocent me retourne le cœur. Les chats, eux qui ont tant besoin de s'étirer sur un coussin, de se mettre près d'une source de chaleur, attendent encore plus désespérément qu'on les prenne dans nos bras. Ils sont souvent mal compris, mal aimés et pourtant, lorsqu'on les connaît bien, ce sont de merveilleux compagnons, silencieux, discrets mais si attachants.

Cette année, 442 chiens et chats ont trouvé une famille d'adoption. C'était mon souhait le plus profond pour ce Noël 2004 et vous m'avez aidé à le réaliser.

Je vous aime.

Je vous souhaite une belle année pleine de chiens et de chats. 2005 baisers.

*P. S.* : Merci mille fois de votre mobilisation contre la chasse aux phoques au Canada. Vous êtes plus de 90 000 à avoir déjà signé le manifeste. C'est merveilleux. Vous pouvez encore récolter des signatures en attendant mon rendez-vous à l'ONU.

Merci aussi à toutes les personnalités [1] qui nous ont apporté leur précieuse signature et leur soutien dans ce difficile combat.

---

1. Parmi lesquelles : Isabelle Adjani, Ursula Andress, Charles Aznavour, Kim Basinger, Juliette Binoche, Jane Birkin, Jean-Claude Brialy, Pierre Cardin, Michel Rocard, Martin Sheen et d'autres encore…

*8 décembre 2004 – Noël des animaux à Levallois-Perret. Aux côtés de notre parrain, Johnny Hallyday, de Patrick Balkany, député-maire de Levallois, et de Nicolas Forissier, secrétaire d'État à l'Agriculture.*

*Ce fut une immense joie de retrouver Johnny, que je n'avais pas croisé depuis des années...*

*À chaque rendez-vous annuel pour le Noël des animaux, je m'arrête devant toutes les cages et je distribue des caresses. Mais je voudrais tous les adopter, alors souvent je repars avec un malheureux chien, trop vieux ou handicapé, qui n'a que peu de chances de trouver un maître.*

*Toujours et encore cet insoutenable Aïd-el-Kébir, que je n'arrive pas à faire réglementer par le gouvernement français...*

*Il y a onze ans déjà (le 20 mars 1995), j'avais organisé une manifestation devant les ambassades de Norvège et du Canada pour protester contre la reprise du massacre des phoques. Et depuis rien n'a encore évolué...*

# Dans quel monde vivons-nous ?

Nous voici, à la fin du premier trimestre 2005, capables de faire un bilan de l'année passée. Alors… ? Alors, nous attendons depuis six mois le rendez-vous avec Kofi Annan pour lui remettre les nombreuses pétitions contre le massacre des phoques au Canada. En attendant, ce mois de mars est le pire car au Canada ils tuent les bébés phoques qui viennent de naître. Nous sommes impuissants malgré vos soutiens extraordinaires, l'écœurement général et les manifestations des Canadiens pour faire cesser ce massacre.

Depuis le 11 février 2004, jour du rendez-vous à la Mosquée de Paris où enfin, après vingt années d'attente, M. le recteur Boubaker et son grand mufti ont admis officiellement que l'électronarcose préalable à la saignée n'entravait en rien le rite du culte musulman pour la viande halal.

Une conférence de presse fut la preuve de cette acceptation.

Depuis, nos différents et nombreux courriers au ministre de l'Agriculture, Hervé Gaymard, et à celui des Cultes et de l'Intérieur, Nicolas Sarkozy, n'ont rien donné puisque et l'un et l'autre ont changé de ministère. Alors nous avons continué à écrire au nouveau ministre de l'Agriculture, Dominique Bussereau, et à Dominique de Villepin, nouveau ministre de l'Intérieur, sans recevoir la moindre réponse. Et le 20 janvier 2005, il y eut de nouveau l'Aïd-el-Kébir ; cette « fête » fut d'une telle ampleur qu'il fallut l'étaler sur deux journées.

Jamais, depuis dix années, il n'y eut autant d'atrocités.

Aucun contrôle des services vétérinaires, et la complicité passive des préfets, des maires, pour que ces égorgements se passent un peu partout comme à Fréjus dans le toril des arènes ou à Marseille dans les cours d'immeubles.

Une horreur !

Scandalisée par tant d'illégales et lamentables façons de transgresser la loi, j'ai demandé à rencontrer le président Jacques Chirac afin d'essayer, avec son appui, d'obtenir que l'électronarcose admise par les représentants du culte musulman en France soit obligatoirement mise en conformité pour les abattages de viande halal.

Aucune réponse !

J'ai demandé aussi un rendez-vous au Premier ministre, Jean-Pierre Raffarin.

Aucune réponse !

J'ai réitéré mes demandes aux ministres concernés, l'Agriculture et l'Intérieur.

Aucune réponse !

Sans l'appui du gouvernement nous ne pouvons pas faire évoluer la situation. Alors que faire ? C'est triste, j'en suis malade, tellement déçue ! Pourtant, nous sommes soutenus par un nombre impressionnant de parlementaires, de sénateurs, de députés, notamment lorsque nous demandons l'abolition de la chasse à courre.

Autre problème : après avoir enfin obtenu en novembre 2003 l'interdiction d'importation des peaux de chiens et de chats en France, la fourrure continue son retour en force. Les millions de dépouilles de ces pauvres bêtes envahissent les boutiques de prêt-à-porter, les magasins de fourrure, et les créations de certains grands couturiers français. Ces animaux sont tués dans des souffrances tellement abominables qu'il est impossible d'imaginer que des êtres humains, qu'ils créent la mode ou soient des clients, puissent encore utiliser ou se parer d'une telle souffrance.

J'ai mal au cœur, à tous mes cœurs.

Depuis trente-deux ans que j'ai donné ma vie pour faire du bien aux animaux, je ne vois qu'une désespérante régression.

Pourtant la prise de conscience du public est importante mais ceux qui ont le pouvoir ne nous suivent pas, s'en foutent, s'en tamponnent le coquillard, mondialisme oblige !

Ma Fondation, ceux qui m'entourent, vous qui m'aimez, nous ne baisserons jamais les bras. Le combat continue inlassablement, et pour aller encore plus loin cette année, j'aimerais, je veux, je vais me battre pour que vous, les Français, ne mangiez plus de cheval !

Oui, c'est difficile mais pas impossible.

Pourquoi manger du cheval ?

C'est comme manger du chien. Réfléchissez à l'horreur du transport, de l'abattage d'un cheval ! À son épouvante.

Mais dans quel monde vivons-nous ?

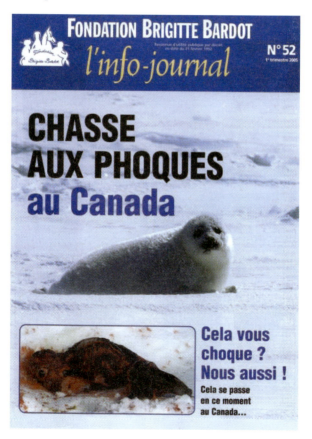

*Mon combat de 1977 : je croyais l'avoir gagné…*
*mais tout est toujours à recommencer.*
*Je suis désespérée…*

*27 septembre 1995 – Le Saint-Père m'avait reçue en audience au Vatican. Ce fut une rencontre émouvante et aujourd'hui je pleure la disparition de notre bien-aimé Jean-Paul II.*

*À La Mare Auzou
lors d'un week-end d'adoption.*

*Avec mes inséparables Toutou-chien et Mimi-chat à La Garrigue.*

# Adieu mes amis

Tous les trimestres, je vous fais un petit bilan ce qui me permet de rester en contact permanent avec vous qui êtes le soutien de ma Fondation, avec vous qui êtes mes fidèles amis des animaux, avec vous qui nous aidez moralement et matériellement.

J'aimerais tant vous annoncer du positif !

Hélas…

Le carnage des phoques a atteint son paroxysme.

Une honte mondiale, un « génocide » (je pèse mes mots) car l'extermination d'une race par une force armée d'un matériel primaire, barbare, qui s'attaque à de pauvres bêtes incapables de se mouvoir rapidement, de se défendre – impossible pour eux de se cacher, il n'y a aucun point de repli sur la banquise –, c'est d'une lâcheté incommensurable, une horreur !

Malgré mes nombreuses sollicitations et mes courriers à répétition, Kofi Annan nous fait toujours attendre. Vos dizaines de milliers de pétitions sont là, en attente.

Moi aussi…

Et puis un de nos plus grands défenseurs des animaux est mort. Notre Bruno Laure qui avait créé la LAF-DAM que vous connaissiez tous, celui qui ne se gênait pas pour crier haut et fort sa révolte face à la vivisection, celui qui prenait la tête des manifestations et soutenait avec vigueur tous ceux, qui comme lui, étaient écœurés par le sort tragique que cette humanité de merde fait subir au nom du fric aux pauvres animaux. À sa femme, Jacqueline, sa courageuse compagne qui l'assista dix années durant et qui a repris le flambeau, nous adressons nos plus chaleureuses condoléances.

Je tiens aussi à rendre un hommage très tendre à la douloureuse histoire de Moustique, petite chienne adorable qui a passé neuf années dans les sous-sols des laboratoires d'expérimentation, sauvée par ma Fondation et adoptée par Nancy Petitjean (qui a un refuge à Liège) ; Moustique vient de s'éteindre le 29 avril 2005. Elle était une petite maman d'amour pour Réglisse, le fils qu'elle avait eu. Elle était douce et discrète.

Ses beaux yeux étaient remplis d'amour.

Elle n'eut jamais un mouvement d'humeur envers les humains malgré ce qu'elle avait subi.

Qu'elle repose en paix dans le jardin de Nancy.

Mais à part ça, tout va très bien... si l'on peut dire !

Je ne peux plus me déplacer, mes deux cannes anglaises m'étant devenues indispensables. Ma Fondation se bat sur tous les fronts. Notre cœur commun en communion avec le vôtre se révolte de l'inertie gouvernementale. Toujours rien pour les sacrifices musulmans, toujours rien pour mon rendez-vous début janvier avec Chirac.

Il y eut aussi la mort du pape Jean-Paul II, que j'ai eu le bonheur de rencontrer au Vatican, le 27 septembre 1995, il y a tout juste dix ans, pour la Saint-François d'Assise. Il était déjà fatigué et je lui avais demandé, en lui serrant très fort les mains, d'accorder un regard à la souffrance animale. Il avait son bon sourire et devait apprécier que je lui parle en italien.

Mais tant de priorités ont dû lui être demandées ce jour-là qu'il a dû oublier ma supplique. Je pense qu'au ciel il aura le temps de nous aider, je l'espère, je le souhaite.

Adieu mes amis...

*La tombe de ma Duchesse à La Garrigue.*

# Rantanplan, mon amour roumain

Il venait d'avoir 14 ans.
Il était beau, mon Rantanplan.

Son histoire commence en février 1998.

Ma Fondation et moi partons pour Bucarest afin d'empêcher le massacre de deux cent mille chiens errants dans la ville. Une visite au mouroir de Baza nous en dit long sur l'état immonde des « refuges » : entassement de chiens dans un « cul de basse-fosse », trou noir, eau suintant des murs, grillages rouillés, animaux glacés ; une chienne qui venait de mettre bas se battait pour que les autres mâles et femelles affamés ne mangent pas ses petits !

Grâce aux projecteurs des télés roumaines, nous arrivons à voir, dans une demi-pénombre, la décrépitude de cet enfer : eau gelée dans les gamelles, aucune nourriture et des dizaines de museaux et de petites pattes se tendant vers nous. Nous distribuons comme nous le pouvons des biscuits, des croquettes, c'est un hallali ! Ils se battent à mort ! Soudain, des hurlements stridents... Nous appelons le responsable et arrivons à sortir une petite boule blanche agressée. Elle n'y retournera jamais : c'est Alba, elle est chez moi, à La Madrague.

Pendant que je faisais des photos pour la presse, dehors par moins 12 °C, avec Alba, une vieille femme roumaine me regardait en joignant les mains comme pour une prière à la Vierge en me racontant un charabia inaudible ; je finis par comprendre et la suivis dans le dédale sombre, humide et terrifiant de ce puits à ordures de refuge. Elle sortit d'une cage, au fin fond du couloir, un animal mutilé, maigre à faire peur dont le regard, celui du Christ en croix, me donna des frissons. Sans trop savoir ce que je faisais, guidée par mon seul désir de les sauver, désormais considérée par cette vieille femme roumaine comme une sainte, je ramenai ces deux rescapés à l'hôtel, à Bucarest.

231

Alba, stérilisée à la va-vite, avait encore sur le ventre de la ficelle à rosbif en guise de points de suture.

Quant à Rantanplan, il avait subi d'atroces mutilations des deux pattes arrière, à coups de hache, et traînait ses moignons avec un courage que ses yeux tristes tentaient de faire comprendre. C'est lui qui allait être l'âme de La Madrague pour sept ans.

Ce chien, mélange hétéroclite de loup, de husky et de berger, fut un tel exemple de discrétion, de douceur et d'intelligence qu'aujourd'hui je pleure avec des larmes de sang. Installé à La Madrague donc, ce fut un gardien fidèle et efficace, il s'apprivoisa petit à petit et très lentement à ces êtres humains qui lui avaient fait tant de mal.

Pour moi, il était immortel, malgré ses tumeurs aux testicules que nous avons fait opérer, malgré celle aux poumons que nous soignions à base de cortisone, malgré son cœur fatigué (mais si aimant), et dernièrement, ses crises d'épilepsie.

Ce vendredi 11 mars 2005, après avoir comme d'habitude « bouffé » sa pâtée et être venu réclamer au dîner les petits suppléments qu'il adorait, il alla se coucher près de la cheminée et vomit. J'eus peur et ne le quittai pas des yeux. Il dormait, avec un souffle régulier, puis le souffle ne fut plus là.

Plan-Plan est mort comme il a vécu : discrètement.

J'ai mal.

*Avec mon Plan-Plan ; il a le regard du Christ !*

*Avec Rantanplan à l'hôtel lors de mon voyage à Bucarest, en 1998.*

*Février 1998 – Je suis heureuse car je viens de sortir Alba d'un sordide refuge roumain où elle allait sûrement mourir. Elle vit avec moi à La Madrague.*

*Alba et Rantanplan sur les canapés de La Madrague. Ils sont « chez eux » puisque j'ai donné ma maison à la Fondation !*

*Automne 2002
à la Fondation.
Avec ma petite
Laëtitia, qui
aimait tant les
animaux.*

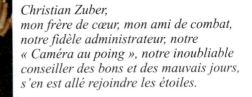

*Christian Zuber,
mon frère de cœur, mon ami de combat,
notre fidèle administrateur, notre
« Caméra au poing », notre inoubliable
conseiller des bons et des mauvais jours,
s'en est allé rejoindre les étoiles.*

*20 décembre 1997 – Paris. Manif antifourrure avec Laëtitia Scherrer, Théodore
Monod et Christian Zuber (à droite), qui était toujours présent à nos côtés.*

# Laëtitia, ma princesse chérie

Oui, 2005 est une année noire, une année de deuil.

Nous avons perdu notre merveilleux ami Christian Zuber, l'homme de *Caméra au poing*, qui passa sa vie à filmer le monde animal afin de faire comprendre aux hommes le respect de la vie sous toutes ses formes. Il était l'un de nos administrateurs, nous apportant toute son expérience, sa sagesse, son enthousiasme, et surtout la fierté qu'il avait de participer au développement de ma Fondation.

Certains sont irremplaçables, il en fait partie.

Christian Zuber est mort le 23 juillet, le jour de la Sainte-Brigitte, des suites d'une longue et pénible maladie, montrant un courage exemplaire devant l'irréversible. Avec sa femme Florence, que nous aimons énormément, ses enfants, et ses animaux qui comptaient tant dans sa vie, nous pleurons sa disparition qui nous laisse tous orphelins, amputés, désespérément tristes. Qu'il continue de nous protéger et de protéger les animaux.

Et puisqu'un malheur n'arrive jamais seul, j'ai eu la douleur d'apprendre la mort de Laëtitia Davier, qui s'est éteinte à 20 ans après s'être battue pour survivre à une insuffisante respiratoire qui lui fit endurer une greffe du poumon et une chimiothérapie trop cruelle qu'elle ne supporta pas. Laëtitia faisait partie de l'association Petits Princes [1] qui prend en charge les enfants atteints de maladies graves. Cette belle association tente de réaliser les rêves les plus divers de ces enfants. Il y a presque quatre ans, Laëtitia avait demandé à me rencontrer car elle partageait mon amour des animaux. Depuis elle était devenue ma petite princesse. Je l'aimais et j'admirais son courage. Elle ne ratait aucun de nos NOËL DES ANIMAUX et s'émerveillait de rencontrer ceux qui furent les parrains de ces fêtes : Alain

1. 15, rue Sarrette – 75014 Paris – Tél. : 01 43 35 49 00.

235

Delon, Robert Hossein, Patrick Sébastien et l'an dernier Johnny Hallyday. Laëtitia s'en est allée sur la pointe des pieds, discrètement, comme un ange. Elle restera à jamais ma plus belle et ma plus émouvante princesse des animaux.

Malgré mon chagrin, la vie continue et de multiples problèmes graves concernant les animaux n'ont toujours pas été pris en compte par les pouvoirs publics. On se demande parfois à quoi servent tous les ministres de l'Agriculture et de l'Environnement (nouvellement « Écologie ») puisqu'ils demeurent invariablement sourds à toutes nos demandes réitérées pour l'amélioration de la condition animale en France.

Pour les faire réagir, j'ai décidé de faire une conférence de presse le 4 octobre [1], jour de la Saint-François d'Assise, afin de dénoncer aux médias l'inertie gouvernementale. J'y traiterai trois sujets qui me tiennent particulièrement à cœur.

1) L'étourdissement des animaux sacrifiés au nom de la religion musulmane que le recteur de la Mosquée de Paris, le Docteur Boubakeur, représentant officiel du culte musulman en France, m'avait accordé le 11 février 2004 avec l'imam et dont le gouvernement n'a pas cru devoir tenir compte.
C'est scandaleux !

2) L'urgence de mettre un terme à la reproduction massive des chiens et chats en France en stérilisant les animaux, en interdisant les ventes par petites annonces, en privilégiant les adoptions dans les refuges, en boycottant les achats en animaleries et élevages, en stoppant les trafics de chiots en provenance des pays de l'Est. Avec l'aide et le soutien du Docteur Belais, président de la SPA, et la présence de Lionnel Luca, député efficace qui a déposé deux propositions de loi à l'Assemblée à ce sujet.

---

1. À la suite d'une grève générale qui a paralysé tout le pays (notamment les transports), cette conférence a dû être annulée au dernier moment.

3) L'abolition de la chasse à courre en France.

Après l'Allemagne, l'Angleterre, l'Écosse, le pays de Galles et la Belgique, nous sommes la lanterne rouge (sang) de l'Europe. Le député Jean Marsaudon a déposé une proposition de loi à l'Assemblée, appuyé par une quinzaine de parlementaires. Il sera à mes côtés pour soutenir ce projet et expliquer aux médias l'horreur d'une telle pratique à notre époque.

Autre abomination que je dénonce depuis des lustres : l'île de la Réunion utilise des chiots comme appâts vivants pour la pêche au requin ! Nous avons réagi très fort et très vite. Mais François Baroin, le nouveau ministre de l'Outre-mer, aura-t-il le pouvoir de faire cesser un tel scandale ?

Bref ! On ne sait plus très bien de quel côté se tourner pour ne pas pleurer. N'oubliez pas notre prochain Noël des Animaux à Levallois-Perret comme l'année dernière.

Oh non, n'oubliez pas, je vous en supplie !

*3 octobre 2005 – François Baroin, ministre de l'Outre-mer, est venu à la Fondation pour m'aider à faire cesser ces abominables pêches au requin à la Réunion où les chiens servent d'appâts.*

*5 décembre 2005 à Genève – J'ai retrouvé mon ami Franz Weber pour mettre en accusation le Canada, qui reprend, chaque année, le massacre des phoques. Nous avions réuni 200 000 pétitions que nous voulions remettre à l'ONU.*

*Incroyable !*
*L'être humain est capable du pire...*

# Le silence est le bruit de l'oubli [1]

L'année qui s'achève ne fut qu'une triste succession d'épreuves.

Vivement 2006 !

Depuis le dernier trimestre, nous avons vu les images horribles des chiens, chats, renards, lapins destinés à la fourrure, tués dans d'atroces conditions, dépouillés vivants, ébouillantés vivants en Chine, images choquantes, insupportables qui devraient faire réagir immédiatement tous les gouvernements sans que l'on ait à les supplier.

Hélas, la douleur animale reste la dernière préoccupation de ceux qui ont le pouvoir de la faire cesser. On préfère vendre des Airbus A380 en recevant le président chinois avec un tapis rouge, ne surtout pas faire de vagues diplomatiques et laisser perpétrer des tortures indignes, sans même évoquer le problème, qui pourtant nuit gravement à la dignité humaine !

Il y a aussi le massacre des phoques, qui a été « jugé » le 5 décembre à Genève, à la Cour internationale des droits des animaux, sous la présidence de Franz Weber, accusant le Canada et son gouvernement d'un quota « génocide » insupportable, porté depuis 1995 au nombre hallucinant d'un million de phoques tous les trois ans. Plus de soixante représentants d'associations européennes s'étaient déplacés pour se porter partie civile. Le verdict sans appel a condamné le Canada et a incité au boycott des produits en provenance de ce pays ainsi que du tourisme.

Tous les journaux européens en ont parlé sauf ceux de mon pays !

Merci, les médias français, pour votre soutien.

---

1. Confucius (vers 551-479 avant J.-C.).

Seul Patrick Poivre d'Arvor, que j'ai contacté personnellement, a passé, au journal de 20 heures de TF1, le jeudi 8 décembre, des images insoutenables du massacre des phoques filmées cette année par la Human Society [1], puis tout est retombé dans ce silence qui est le bruit de l'oubli.

Les samedi 10 et dimanche 11 décembre, nous avons, comme tous les ans, fait notre NOËL DES ANIMAUX à Levallois avec la SPA ; Michel Drucker, notre merveilleux ami, en était le parrain. Il est toujours extrêmement triste de voir tant d'animaux, le petit museau tendu à travers les barreaux, nous suivre avec ce regard poignant, porteur de tant d'espoir d'être adopté enfin, après de longs mois ou de longues années passés dans les cages d'un refuge. Il est toujours désespérant de voir, le soir, repartir ceux qui n'ont pas trouvé preneur et qui passeront encore tant de temps, sinon leur vie, incarcérés pour cause d'abandon.

Nous avons quand même fait adopter 520 animaux, toutes associations confondues, avec l'aide précieuse de Dany Saval, Sophie Darel, Liane Foly, Patrick Balkany, Mylène Demongeot et Henri Leconte, qui a adopté un chien de la SPA. J'ai craqué devant le regard profond et résigné d'une petite chienne de 12 ans, Olga, qui n'intéressait personne. Je n'ai pas eu le courage de la renvoyer au refuge, même si celui-ci était le mien, à La Mare Auzou.

Michel Drucker et son épouse, Dany, ont pris un petit « trois-pattes » adorable qui a dû souffrir le martyre avant d'attendrir le cœur de ces deux extraordinaires amis des animaux.

Patrick Mahé, directeur de la rédaction de *Télé 7 Jours*, est venu adopter un de nos chiens, alors que son fils venait d'adopter Voltaire.

Nous sommes tous un peu fatigués, un peu nostalgiques de cette année qui finit mais pleins d'espoir en celle qui commence.

---

1. Une des plus importantes associations américaines de protection animale.

Nous vous associons à tous nos états d'âme, nous vous remercions de toute la force que vous nous apportez, du soutien moral et matériel que vous nous donnez.

Merci mes amis, bonne année 2006.

Que Dieu vous garde.

Je vous aime.

*5 octobre 2005 – Malgré une migraine fort médiatisée, Nicolas Sarkozy (ministre de l'Intérieur) m'avait reçue au ministère. Je lui avais demandé d'intervenir pour que l'étourdissement par électronarcose soit obligatoire dans les abattages rituels. J'attends toujours la mise en place d'une telle loi. Je suis très déçue car, malgré mes nombreux courriers, rien n'évolue...*

# Ma Princesse adorée

Tu t'appelais Princesse, ma belle labrador dorée et adorée.

Tu n'avais que 11 ans et tu étais heureuse et pleine de vie.

Ta tendresse pour moi n'était que ta manière de me montrer ta reconnaissance de t'avoir sauvée, ce 30 juillet 1995, alors que tu étais abandonnée sur l'autoroute par des connards qui partaient en vacances… sans toi bien entendu.

C'est notre avocat, Maître Kélidjian, qui alla te récupérer et t'amena directement à Bazoches, où tu t'adaptas sans problème aux dix autres chiens et chiennes. Mais, car il y avait un « mais », le lendemain tu me fis dix-sept crises d'épilepsie, ce qui me fit comprendre le pourquoi de cet abandon lâche, si lâche.

Je m'attachais à toi, ces crises m'horrifiaient et te laissaient si pantelante, si fatiguée. Je fis appel à tous les vétérinaires et aux spécialistes humains. Avec le Rivotril, le Crisac et le Gardénal, tes crises s'espacèrent puis s'estompèrent. Tu redevins une Princesse merveilleusement normale, un peu boulimique mais quel labrador ne l'est pas…

Je t'aimais car tu faisais partie de ces chiennes si douces, si obéissantes qu'on les choisit pour conduire les aveugles. Je ne suis pas aveugle mais tu m'accompagnais dans mes parcours difficiles avec mes cannes anglaises.

Puis un soir, en rentrant de promenade, mon gardien ouvrit un peu trop brusquement la partie arrière de ma 4L, contre laquelle tu étais appuyée de dos. Les autres chiens, pressés de sortir, te poussèrent et tu tombas à l'envers sur ta colonne vertébrale qui se brisa. Ta douleur, tes hurlements et ta paralysie me firent envisager le pire. Mes prières à la petite Vierge et les différents vétérinaires chez lesquels tu fus contrainte d'aller me laissaient espérer malgré tes terrifiantes souffrances que je pourrais te sauver. Mais il n'en fut rien. Seules la cortisone et la morphine à hautes doses t'empêchaient de hurler jour et nuit.

Comme un cadeau que tu m'offris pour ne plus me voir pleurer, tu t'es éteinte dans la nuit du jour de mon anniversaire. Ma Princesse dorée et adorée, je te pleure encore et toujours car je te vois et te ressens partout.

Tu resteras mon amour merveilleux jusqu'à la fin de mes jours.

*Princesse, ma bonne grosse labrador,*
*si douce. Sa mort m'a brisé le cœur.*

# Pourquoi
# choisir ses œufs ?

**90 % des poules vivent un réel martyre
dans les élevages en batterie**

**Des conditions de vie anormales qui entraînent
des souffrances intolérables pour les animaux.**

*Il ne tient qu'à vous
de les sortir
de cet enfer !*

*Avec ma poule apprivoisée à Bazoches ; elle dormait dans ma chambre
et pondait sur mon oreiller !*

# Un printemps silencieux

Je me souviens avoir lu, dans les années 60, un livre qui m'a beaucoup frappée : *Un printemps silencieux*. L'auteur, dont j'ai oublié le nom [1], devait être un visionnaire car il racontait la disparition des pépiements d'oiseaux, des roucoulades, des trilles, des caquètements, des cocoricos, des cui-cui ! La campagne ne résonnait plus d'aucun de ces chants d'oiseaux qui nous accueillent à notre réveil et nous accompagnent, avec les rossignols, jusque tard dans les nuits d'été !

C'est ce que nous sommes en train de vivre avec l'épouvante que déclenche l'épidémie de grippe aviaire.

Sommes-nous devenus fous ? Oui !

Car nous sommes responsables de ce qui arrive, hélas...

Et nous faisons payer cher aux volatiles la conséquence terrifiante de nos actes.

Pour une superproductivité depuis cinquante ans, tous ceux qui ont des plumes et qui se mangent sont élevés dans des univers concentrationnaires, bien enfermés dans des batteries, serrés les uns contre les autres, avec à peine la place de bouger, les pattes sur des grillages, afin que les excréments soient évacués immédiatement, idem pour les œufs qui, sitôt pondus, sont embarqués sur une chaîne ininterrompue, le tout sous une lumière artificielle, 24 heures sur 24, afin que (comme à Las Vegas !) le jour et la nuit se confondent. On leur coupe l'extrémité du bec pour éviter qu'ils ne s'entre-tuent, leur résistance nerveuse étant exacerbée par le manque de sommeil, de repos, de silence, d'obscurité...

---

1. Rachel Carson (1907-1964). Biologiste américaine, fondatrice de l'écologie politique. Elle mit en évidence les réels dangers des pesticides et des insecticides. Écrivain naturaliste à succès, elle publia *Un printemps silencieux* en 1962.

Ce ne sont plus des poules, des dindes, des pintades, des poulets, mais des pauvres tas de chair engraissés, ne tenant plus debout sans l'aide de leurs ailes, déplumés, les os cassant comme du verre, les têtes affolées, les yeux exorbités. Ils ne sortent de cet enfer que pour celui des chaînes d'abattage où, pendus par les pattes, ils passent en sinistre procession à l'électrocution qui, dans la plupart des cas, ne les étourdit pas assez, ensuite ils sont ébouillantés, parfois encore vivants, puis c'est le plumage automatique et le dépeçage à la chaîne.

À voir, c'est un cauchemar.

Tous ces élevages déshumanisés ne pouvaient donner à terme que des animaux dégénérés, porteurs de tous les virus connus et inconnus ; il fallait être « con » pour ne pas le prévoir. Mais l'intelligence de nos dirigeants mondiaux étant en voie de disparition, laissant place à une boulimie d'appât du gain, le pire a fini par se produire.

Le pire qui touche de plein fouet ces pauvres bêtes, dont on se débarrasse à tout va dans des conditions affolantes de cruauté, entassées vivantes dans des sacs en plastique, enterrées vivantes, brûlées vivantes.

Agonies lentes, morts de supplices.

Je n'ai pas honte de dire que j'ai pleuré bien des fois en voyant ces images à la télé. Comment peut-on être à ce point insensible et cruel envers de pauvres bêtes innocentes qui ne sont pour rien dans tout ce fatras médiatico-politique ?

Et pendant ce temps-là, on voit nos ministres se gaver de poulet rôti, il est de bon ton de tenir son os et de le déguster devant la caméra.

Mais alors pourquoi un million de volatiles du département de l'Ain, volatiles sains, n'étant porteurs d'aucun virus, ont-ils été abattus, puis incinérés ? Je voyais leurs petites têtes dans les cages qui les emmenaient à la mort et je me suis remise à pleurer. Je pensais à Poupoule, ma poule apprivoisée de Bazoches et à ma vieille poule qui dormait au milieu des pattes de mon chien (vous vous en souvenez peut-être… je vous ai déjà raconté leur histoire).

Mais les éleveurs seront indemnisés, c'est la seule chose qui compte !

Pourtant, André Malraux [1] a dit dans *La Condition humaine* :

*Une vie ne vaut rien, mais rien ne vaut une vie !*

À méditer…

*La grippe aviaire : un problème dramatique dont les animaux sont une fois de plus les premières victimes… Au nom d'une connerie de « principe de précaution », des poules tentent d'échapper au brasier infernal dans lequel on les jette vivantes ! Sans aucune pitié, avec une abominable cruauté.*

---

1. Écrivain et homme politique français (1901-1976). Il fut ministre des Affaires culturelles de 1959 à 1969, sous la présidence du Général de Gaulle.

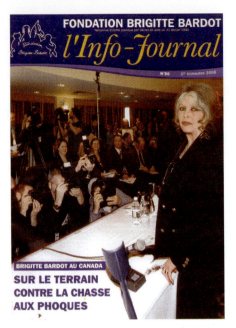

*22 mars 2006 – Avec Paul Watson lors de la conférence de presse organisée à Ottawa pour supplier les Canadiens de ne pas rester indifférents au massacre des phoques.*

*Conférence de presse en 1977, lors de ma première venue au Canada. Fran Weber était déjà près de moi, face à des chasseurs très agressifs...*

# Des larmes de désespoir

Au début de cette année 2006, nous avions l'espoir que le nouveau Premier ministre canadien, M. Harper (remplaçant l'ignoble Paul Martin, qui fit exterminer un million de phoques en trois ans), pourrait être à l'écoute des suppliques mondiales qui s'opposent à ce massacre.

Je décide de lui écrire.

Je le félicite pour sa nomination et lui fais part de mon espoir en son humanité.

Aucune réponse !

Je réitère ma demande, le conjurant de mettre un terme définitif à ce génocide animalier qui écœure le monde.

Toujours sans réponse.

Mes courriers, une dizaine, restent lettres mortes.

Les 200 000 signatures de gens exceptionnels que nous avons recueillies depuis deux ans et demi, et que je devais remettre à Kofi Annan, s'entassent dans nos bureaux...

Aucun signe du secrétaire général de l'ONU.

On peut aller se faire foutre !

Alors nous les avons confiées à Franz Weber, lors de la conférence de presse, à Genève, le 5 décembre dernier afin qu'il tente de réussir là où nous avions échoué.

Même force d'inertie.

Aucune réaction. Rien !

En désespoir de cause et parce que l'ouverture du massacre annuel s'approchait, rendez-vous fut pris, le 14 février, avec l'ambassadeur du Canada à Paris afin de lui déposer ces pétitions aux prestigieuses signatures. Ne pouvant me déplacer pour cause de souffrance extrême, Robert Hossein et Candice Patou accompagnés de Dany Saval, Henry-Jean Servat et des représentants de ma Fondation, furent reçus par le conseiller de la Communication et des Affaires publiques de l'ambassadeur, qui estima qu'il était suffisamment représentatif par rapport au sujet abordé.

Ces signatures, récoltées avec tant de mal un peu partout dans le monde, ont pourtant été bien transmises au Premier ministre canadien.

Nous tentons alors de savoir quelles sont les décisions du Premier ministre, quels quotas sont prévus cette année, pensant qu'ils seraient nettement en baisse par rapport à l'extermination cruelle de ces trois dernières années, particulièrement à cause du réchauffement climatique réduisant la banquise aux trois quarts. Et le vendredi 17 mars, alors que nos bureaux allaient fermer pour le week-end, une dépêche laconique nous informe que le quota est fixé à 325 000 phoques, soit 5 000 de plus que l'an passé !

Effondrée, écœurée, ne pouvant accepter qu'une telle barbarie se perpétue sans réaction de ma part, en larmes, je décide immédiatement d'aller à Ottawa (vingt-neuf ans après avoir été sur la banquise) rencontrer ce Premier ministre, malgré la douleur de mes jambes qui me paraît dérisoire face à la douleur de mon cœur meurtri.

Trois jours plus tard, le mardi 21 mars, nous nous envolons pour un périple qui nous mène de Toulon à Ottawa via Londres, où nous changeons d'avion. Les couloirs interminables des aéroports ne sont pas faits pour les handicapés à béquilles et les attentes de correspondances sont épuisantes.

Après huit heures de long courrier et six heures de décalage horaire, on me traîne, à l'arrivée, au Bureau de l'immigration où je resterai deux heures questionnée comme une criminelle interdite de séjour, sauf si j'accepte de payer 200 dollars canadiens de caution pour un permis de séjour de trois jours seulement.

Les ordres viennent de haut…

Arrivés enfin à l'hôtel, un fax nous apprend que le Premier ministre refuse catégoriquement de me recevoir. Ma présence fait grand bruit, personne n'imaginant que je me déplacerais.

Une conférence de presse prévue pour le lendemain met les médias canadiens en ébullition.

Moi, je suis effondrée, crevée, triste.

Cela fait deux nuits que je ne dors pas, toute mon équipe est déphasée par le décalage horaire et la déception ; nous nous retrouvons à 4 heures du matin, épuisés, démoralisés et décidons de repartir immédiatement après la conférence de presse. Le Premier ministre rejette même ma proposition de lui parler au téléphone et sa secrétaire nous prie vertement de ne plus insister.

Seul Paul Watson, un grand défenseur des phoques que j'avais rencontré sur la banquise en 1977, sera à mes côtés lors de cette conférence de presse si importante car je porte en moi la vie, la survie de 325 000 phoques condamnés à mort.

À 14 heures (heure locale), je me présente avec mes deux béquilles, devant un parterre d'environ 250 journalistes et de 17 télévisions du monde entier. Je dois absolument être forte, je dois vaincre. J'ai su, plus tard, qu'un tel déploiement de médias ne se faisait que pour un chef d'État !

Immédiatement nous diffusons des images insoutenables de cruauté filmées l'année dernière par Human Society. Je ne peux les regarder, mais seul le son avec les plaintes, les cris de douleur me font fondre en larmes. Je pleure, je n'en peux plus, je ne comprends pas les raisons d'une telle barbarie.

Un immense silence anesthésie la salle au moment où les lumières se rallument…

Alors j'attaque, les yeux remplis de larmes de désespoir, je m'en fous, je leur demande « où est l'être dit humain dans tout ce carnage », et je fais un plaidoyer qui me sort du cœur, des tripes. Je leur crie que « je veux que tout cela cesse avant ma mort, [qu']au moins ma vie aura servi à quelque chose ». J'essaye de toucher le peu d'humanité qu'ils ont en eux. Je leur parle comme à des amis, sans agressivité aucune. Puis Paul Watson prend la parole en anglais – il est canadien – autoritaire, sans concession, il me complète avec beaucoup de conviction. Il est formidable !

Avant de quitter pour toujours ce pays, je tente de déposer au Premier ministre le DVD des images de la conférence de presse accompagné d'une lettre manuscrite où « j'espère que seuls les imbéciles ne changeant pas d'avis, [il fera] preuve devant le monde de son intelligence ».

À l'entrée du ministère, nous sommes foutus dehors sans ménagement. Mais j'ai quand même réussi à laisser mon dossier à un type moins virulent que les autres !

Après ce fut le retour vers la France, changement d'avion d'Ottawa à Montréal, puis l'arrivée à Roissy à 8 heures du matin et vol pour Toulon le soir même afin de retrouver mes petits qui allaient me réconforter.

Ah ! On dit que les voyages forment la jeunesse, mais ils peuvent surtout être redoutables pour ceux qui n'ont plus la force d'éparpiller leur courage aux quatre vents.

*P. S.* : le samedi 25 mars, le journal télévisé de TF1 annonçait le début du massacre [1]…

*22 mars 2006 – En larmes*
*à Ottawa (Canada).*

---

1. Trois jours plus tard, une équipe d'Human Society qui s'était approchée (avec son bateau) à moins de dix mètres des chasseurs sur la banquise a été arrêtée et jetée en prison (des journalistes américains, des représentants d'agences de presse et des activistes).

*15 décembre 2001 – Espace Auteuil. Avec Alain Delon, mon merveilleux ami, mon complice de toujours, notre premier parrain, qui adopta Lilas, une chienne croisée labrador-grœndael.*

*Décembre 2004 – Hôtel Yaca à Saint-Tropez. Avec Michel Drucker lors de l'enregistrement de* Vivement dimanche. *Il sera ensuite le parrain du Noël des animaux 2005, où il adoptera Tomy, un petit chien noir et blanc amputé d'une patte. Avec Dany Saval, son épouse, ils sont formidables !*

*11 mai 2006 – M. Dominique Bussereau (ministre de l'Agriculture) m'a reçue lors d'un entretien très franc où j'ai abordé divers sujets. J'ai souvent l'impression de rabâcher… Répétiti, répétita (à suivre).*

*9 juin 2006 – Bruxelles. J'ai été reçue par M. Stravos Dimas (Commissaire européen chargé de l'Environnement) qui m'a longuement écoutée. Aurais-je été entendue… ?*

*Chaque année, ma Fondation se rend à la plus grande foire internationale de chevaux de boucherie de Maurs (Cantal), pour contrôler l'état des chevaux et sauver les plus faibles qui finiront leurs jours à La Mare Auzou.*

# Les miracles ont une fin…

Entre la réintroduction des ours dans les Pyrénées, les terrifiants déterrages de blaireaux, de renards dans l'Allier, la macabre vente des chevaux destinés à la boucherie à la foire de Maurs (qui porte bien son nom !) dans le Cantal, la détresse des poules survivant à la grippe aviaire, les abandons de toutes sortes ou les maltraitances innombrables, nous ne savons plus où donner de la tête et du cœur…

Notre « Mare Auzou » accueille, recueille, repousse ses frontières, multiplie ses parcs, ses espaces, mais les miracles ont une fin…

Nous ne sommes pas Dieu… hélas !

Et puis, il y a tous les petits chiots hongrois qui, enfin après six mois de soins attentifs et une attente administrative scandaleuse, nous appartiennent… Mais ils ont bien profité, après avoir frôlé la mort, et sont devenus de beaux et gros pépères… à adopter ! Toutes ces petites peluches si fragiles n'ont pas vaincu tant d'épreuves pour finir leurs jours dans notre refuge, même si celui-ci est un petit paradis. À six mois, nos bêtes ont besoin d'un foyer et je compte sur vous pour leur apporter cet amour, cette chaleur humaine dont tous les chiens, et particulièrement ceux-là, ont un besoin viscéral.

Il est certain qu'à la veille des vacances les abandons sont plus fréquents que les adoptions, mais sait-on jamais ?

Je voulais ouvrir une petite parenthèse et vous dire que je suis réconfortée par tous les courriers que vous m'envoyez. Je m'aperçois à quel point vous avez du cœur, à quel point nous nous ressemblons dans nos révoltes contre la cruauté des humains, à quel point vous me remontez le moral. Je ne peux pas répondre personnellement à tout le monde, c'est pourquoi je tenais à vous dire – ici – ma reconnaissance et ma gratitude.

Il est très important, même vital de se sentir soutenue, aimée, encouragée. Grâce à vous et malgré une certaine lassitude, je repars plus forte aux combats – et Dieu sait s'il y en a !

Je ne comprends toujours pas qu'aucune aide ne me parvienne de la part de MM. Bussereau (ministère de l'Agriculture) et Sarkozy (ministère de l'Intérieur) auxquels je demande, sous forme d'un harcèlement par courriers :

– la mise en conformité des abattages rituels sous électronarcose ;

– des quotas de reproduction pour chaque élevage canin et félin agréé pour éviter les reproductions intensives d'animaux à la mode trop souvent abandonnés, afin de soulager les refuges, en tentant de stopper les abominables euthanasies massives qui vident les fourrières sans état d'âme ;

– l'arrêt définitif et total des ventes d'animaux dans les « animaleries » ou dans les grandes surfaces. Pauvres animaux qui, pour la plupart, sont victimes de trafics illégaux avec les pays de l'Est. Pour exemple la saisie en douane à Menton des petits chiots hongrois dont nous avons eu la responsabilité ;

– l'interdiction d'importer des fourrures de chiens et de chats en provenance d'Asie ;

– l'interdiction d'importer tous les produits dérivés venant des phoques du Canada, ainsi que leur fourrure et leurs peaux.

« Parle à mon cul, ma tête est malade !! »

Tellement déçue par mon gouvernement, j'ai eu le privilège de rencontrer à Bruxelles, le 9 juin, M. Stavros Dimas, Commissaire européen. L'entretien fut uniquement basé sur la demande d'interdiction d'importation, dans tous les pays de l'Union, des produits issus de la chasse aux phoques (peaux, fourrures, huiles et graisses). Je sentis un allié, un homme qui partageait ma révolte, prêt à me soutenir, écœuré lui-même par cette boucherie que les Canadiens s'entêtent à perpétuer d'année en année en augmentant les quotas. Il faudra maintenant soumettre le projet au Parlement européen ; les choses ne sont pas simples.

Mais l'espoir fait vivre !

Ensuite, je fus reçue avec mes collaborateurs (Christophe Marie et Ghyslaine Calmels-Bock) par M. Margaritis Schinas, directeur de cabinet du commissaire Markos Kyprianou. Avec lui, nous devions débattre de l'introduction du commerce des peaux de chiens et chats en provenance d'Asie, de l'abattage rituel pour lequel je demande un étourdissement préalable à l'égorgement depuis deux ans à Nicolas Sarkozy…, de l'Aïd-el-Kébir qui, en France, ne respecte pas la réglementation européenne, du trafic des animaux de compagnie en provenance des pays de l'Est dont nous avons, hélas, une preuve scandaleuse avec nos petits chiots mourants en décembre 2005 !

Le trafic continue de plus belle… sans aucune sanction.

Et puis, cerise sur le gâteau, j'ai parlé de mon projet de faire cesser définitivement l'hippophagie dans les trois derniers pays de l'Union qui continuent à manger du cheval : la Belgique, la France et l'Italie.

Quelle honte !

Bref, du pain sur la planche…

Bonnes vacances. Je vous aime.

*Un « V » de la victoire que j'aimerais faire plus souvent…*

*16 septembre 1996 – À mon bureau de la Fondation.*

*16 mai 1996 – Parc de Choisy. Avec ma « Dame de fer » qui dirige ma Fondation : Ghyslaine Calmels-Bock !*

# Ma Fondation a 20 ans :
## bon anniversaire !

Depuis 1986, date de sa naissance très discrète à Saint-Tropez, où son berceau fut une chambre d'amis de La Madrague, où seule avec une secrétaire et un Minitel nous avons veillé sur ses premiers petits pas, je peux dire qu'aujourd'hui ce bébé fragile est devenu une institution de poids.

Drainant avec elle 60 000 donateurs et une quarantaine d'employés, des bureaux fonctionnels qui recueillent chats, chiens et même furets ; une maison de retraite (La Mare Auzou) pour vieux animaux en Normandie ; un site d'accueil en banlieue parisienne pour les chats, petits chiens, furets, cochons d'Inde, rats, souris et chinchillas.

Toute cette réussite, pour laquelle vous m'avez tant aidée en me faisant confiance et en participant matériellement à son élévation, ne s'est pas faite par miracle !

Il en faut du courage, de la volonté, du don de soi.

Il m'en a fallu des larmes de rage, de désespoir, des soupirs d'espoir, des « vingt fois sur le métier remettez votre ouvrage », des lettres aux ministres, des rendez-vous, encore et encore, et on recommence à zéro.

Il a fallu aussi trouver une équipe solide, celle qui se bat avec conviction, celle qui partage mes idées, mes motivations, celle qui est à mon image !

Pas toujours facile…

Mais aujourd'hui Super Ghyslaine Calmels-Bock est à la direction générale depuis douze ans et ça marche !

Grâce à elle !

Christophe Marie, responsable du bureau de protection animale, super motivé, qui depuis quinze ans se bat pour tous les animaux (singes, éléphants, gazelles, ours, loups…).

Quel boulot !

Frank Guillou, mon secrétaire personnel pour le meilleur et pour le pire depuis dix-sept ans.

Quel courage !

Il y a Éliette et Aurore, qui placent les chiens abandonnés depuis de nombreuses années ; Thierry, qui aide les plus démunis par des aides vétérinaires et alimentaires ; Brice, qui se débrouille avec tous les chats errants, abandonnés, malades, oubliés ; et puis Aline, qui tente de sauver les chevaux et les animaux sauvages.

Il y a Marie-Claude, notre assistante de direction responsable de tout… Oh là là !

Et aussi la complice de Christophe Marie, la si mignonne Annaïg (pure Bretonne, sablée et craquante).

Notre responsable des legs, Alexis, celui qui fait rentrer l'argent, le nerf de nos guerres, de nos combats ; et puis le bureau juridique avec Sandrine à sa tête, Romy et Julie qui travaillent en étroite collaboration avec notre avocat Maître Kélidjian, notre fidèle et super ami des animaux, celui qui gagne nos procès contre les tortionnaires d'animaux, celui qui se bat pour que la souffrance animale soit jugée et punie.

Il y a notre responsable comptable, Alexandra, qui détient les cordons de la bourse et veille sur les comptes à la virgule près, au centime près, avec Jérémy, contrôlée par notre cabinet d'expert où M. Denu ne rigole pas avec les chiffres !

Et puis notre nouvelle informaticienne, Stéphanie, qui « surfe sur le Net » et envoie partout dans le monde les derniers cris de révolte de la Fondation. Il y en a beaucoup… En ce moment, c'est la survie des phoques au Canada qui a la priorité.

Michèle, notre standardiste, qui sans cesse répond à tous les coups de fils, rassurante et gentille, passant les communications aux uns et aux autres, et qui doit avoir, le soir, la tête comme un melon !

Et puis à La Mare Auzou, notre ange gardien, M. Cotard, en charge de tout, notre intendant en chef, avec Emmanuelle la responsable du refuge, Jean-Bernard, Sophie, Stéphane et tous les autres... Ils sont quatorze à veiller sur plus de 500 animaux du site : chiens, chats, chevaux, vaches, moutons etc. Enfin Hélène et Isabelle qui règnent sur le petit domaine pour chats et n.a.c.[1].

Nous avons aussi toutes nos bénévoles, fidèles, discrètes, irremplaçables : Armande, Arlette, Brigitte etc.

Et enfin Sylvia, notre si efficace et si charmante Madame Propre, Madame câlins pour chats et chiens, « Madame pâtée les week-ends » pour les animaux de bureaux, Madame toujours présente quand on a besoin d'aide.

Nos administrateurs : Patrice Bondonneau, Gérard Noblet, François-Xavier Kélidjian, Michel Dominik, Lionnel Luca, Marie-Jeanne Gaxie, Éric Kérourio, Vincent Spony, fidèles guides et superviseurs de toutes nos actions.

Quelle équipe merveilleuse !
Merci mon Dieu.

Grâce à eux, tous jeunes, pleins d'enthousiasme, je peux enfin me reposer un peu, je reste leur tête mais ils remplacent mes jambes... Je suis évidemment leur « présidente fonda-trice », mais aussi un peu une maman pour tous ces enfants qui, au fil des ans, seront les héritiers de la plus belle réussite de ma vie, du but essentiel que je me suis fixé.

Dans ce bilan de vingt ans de combats officiels (mais en réalité trente-trois ans de ma vie !), je ne peux oublier de rendre un hommage d'une immense tendresse à Christian Zuber qui depuis mes débuts m'a toujours soutenue, a toujours cru en l'intégrité totale de mon engagement et fut pendant neuf ans,

---

1. Nouveaux animaux de compagnie tels que furets, chinchillas, etc.

le plus fidèle, le plus efficace, le plus positif, le plus présent de nos administrateurs.

Il y aussi Bruno Laure [1], qui m'a appris que la protection animale était un combat sans concession, une éternelle déception quant on veut tout, tout de suite, même quand on veut peu, avec patience.

Et Roger Macchia [2], qui m'a ouvert les yeux et le cœur sur l'atroce destinée des chevaux d'abattoir, sur l'ignoble marché international faisant de la plus belle conquête de l'homme l'otage le plus meurtri, la plus lamentable victime d'un commerce sanglant, lucratif mais rabaissant l'homme au niveau de barbare.

Voilà je suis extrêmement fière de ma Fondation, de ceux qui y travaillent et de ceux qui y adhèrent.

Viva FBB !

*De ma première Fondation (4, rue Franklin) à l'actuelle (28, rue Vineuse), deux rues à traverser mais vingt ans de combats, d'espoirs, de luttes, d'acharnement et de courage.*

1. Président de la LAF-DAM, décédé en 2005.
2. Fondateur de Pro Anima.

# ANNEXES

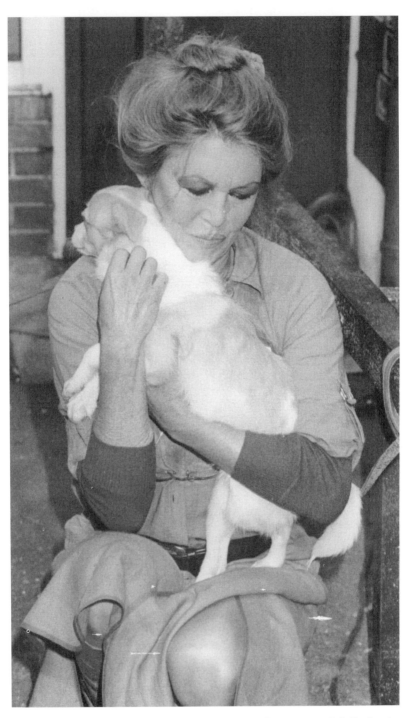

*3 octobre 1987 – Pause câlins avec un petit trésor proposé à l'adoption lors de l'émission* Entre chien et loup, *en direct du refuge de Gennevilliers.*

# La déshumanisation de l'Être

Ils partagent avec nous cette vie sur la Terre
Depuis la nuit des Temps, ils se cachent et se terrent,
Ils sont devenus pour nous des produits et pourtant
Lorsque l'on est seul, c'est vers eux que l'on tend
Nos cœurs si déçus par l'âpreté humaine
Et que l'on reçoit en retour la bonté sans la haine.

Tous ces animaux magnifiques que l'on tue
Alors qu'on le sait, lorsqu'ils ne seront plus,
Quand sur la Terre ne resteront que les hommes
Créés à l'image de Dieu, mais en somme
Diabolisés par leur désir de destruction inné,
Ils n'en finiront plus de vouloir s'entre-tuer !

La planète était belle et harmonieuse
Tant que la vie n'apporte cette nombreuse
Humanité barbare et, hélas, tueuse !

Brigitte BARDOT

(J'ai écrit ce poème [1] en dix minutes, en juillet 2004, devant un coucher de soleil, à La Madrague.

N'ayant jamais versifié de ma vie, je pense que l'esprit poète de mon papa, dit « Pilou », qui fut couronné par l'Académie française pour son recueil de poésies, *Vers en vrac*, en 1960, est venu à la rescousse.)

---

1. Ce poème a été publié dans un recueil collectif intitulé *Nous sommes tous poètes* aux éditions Plon (mai 2006).

*14 décembre 2002 – Noël des animaux. Avec mon ami Michel Serrault.*
*Quel bonheur de rire aux éclats comme autrefois...*

*15 décembre 2001 – Noël des*
*animaux à l'Espace Auteuil. Avec*
*Pascal Sevran, qui partage avec moi*
*beaucoup d'idées sur la France*
*actuelle...*

*28 septembre 1994 –*
*Émission* Sacrée
Brigitte *sur TF1. Les*
*producteurs avaient*
*invité Valéry Giscard*
*d'Estaing pour me faire*
*une surprise ! Ce fut le*
*premier homme poli-*
*tique à croire à mon*
*engagement et à*
*m'aider concrètement.*

## Quelques mots d'amitié pour Brigitte…

*Tu es la bonté, la beauté, la fidélité, le courage et toutes formes d'élégance.*

Roger HANIN, comédien.

*Les images de Brigitte Bardot sur la banquise sont des instants d'éternité.*

Isabelle ADJANI, comédienne.

*À Madame Bardot, notre éternelle Brigitte,*
*Que Dieu qui lui donna toutes les grâces de la beauté terrestre ajoute à son amour des animaux nos souhaits de longue vie et tous nos vœux d'un cœur perpétuellement jeune.*

Dalil BOUBAKEUR, recteur de la Mosquée de Paris.

*Merci pour tout ce que tu as fait pour épargner la souffrance des animaux.*

Jane BIRKIN, comédienne et chanteuse.

*Dans son combat, Brigitte Bardot s'est distinguée par un extraordinaire courage et une remarquable constance.*
*Elle n'avait, à titre personnel, probablement rien à gagner mais plutôt beaucoup à perdre dans cette action ; c'est ce qui l'honore.*
*Ceux, trop rares, qui se soucient du sort de tous les êtres vivants donnent à l'humanité un véritable indice de civilisation.*
*Encore bravo !*

Nicolas HULOT, producteur et écologiste.

*À toi, ma dame de cœur, princesse des Mille et Une Vies, celle des animaux que tu sauves.*

Patrick SÉBASTIEN, imitateur et producteur.

*Merci d'être ce que tu es, aujourd'hui, bienfaitrice pour la gent animale (après ce que tu as été hier), une femme qui va la tête haute, une femme digne et belle.*
*Les jours passent, le souvenir reste.*

Paulette DUBOST, comédienne.

*Pour la plus célèbre, la plus belle, et une des plus généreuses Françaises de notre temps.*
*Avec les vœux affectueux d'un de ses millions d'admirateurs.*

Valéry GISCARD D'ESTAING
ancien président de la République française.

*À toi, ma chère Brigitte,*
*À l'amour que tu partages pour tous les animaux du monde, orphelins et blessés.*
*Un disciple maladroit mais sincère.*

Robert HOSSEIN, comédien et metteur-en-scène.

*Sachez que tous ceux qui vous aimaient avant vous aiment toujours maintenant et vous aimeront à tout moment.*
*De tout cœur avec vous, avec ma sincère amitié.*

DOROTHÉE, animatrice et chanteuse.

*Si notre planète Terre est en danger, on ne peut pas dire que c'est à cause des animaux.*
*Merci, Brigitte, pour ce que tu fais pour eux.*

Claude BOLLING, compositeur.

*Brigitte,*
*Tu es une fée, tu connais le langage des animaux.*
*Tu sais les aimer, les hommes t'aiment.*
*Tu as su préserver ton âme d'enfant.*
*Je t'aime.*

Jean-Claude BRIALY, comédien.

*Je remercie Brigitte Bardot ; elle est un cœur à l'état pur.*

*L'immensité de sa compassion fait de son travail une œuvre de paix. Plus qu'un exemple, elle est un phare pour l'humanité. Elle devrait être Prix Nobel de la Paix. Elle le sera… et plus tard, bien plus tard… elle sera sacrée Brigitte, Sainte Patronne des animaux.*

Geneviève COUPEAU, écrivain.

*Je reste très sensible à la cause que cette star internationale continue de défendre.*

Paul BOCUSE, chef cuisinier.

*Chère Brigitte,*

*Je ne te remercierai jamais assez de tout ce que tu as fait et tout ce que tu fais pour la cause animale. Ton travail et ta force de conviction sont incomparables.*

*Bravo encore et toujours.*

*Aie le courage de continuer même si certains jours tu peux avoir envie de baisser les bras… C'est un boulot sans fin, mais nos amis le méritent.*

*Je t'embrasse.*

Mylène DEMONGEOT, comédienne.

*Il faudrait avoir l'éloquence d'un regard animal, très chère Brigitte, pour exprimer ce que je ressens.*

*Continue, continue à être un espoir et un phare pour le monde vivant !*

*De tout cœur avec toi.*

Franz WEBER, écologiste suisse.

*Tu as toujours été fidèle, tu as toujours donné quelque chose aux uns et aux autres.*

*Tu as toujours été présente et surtout essentielle.*

*Dans mon cœur, c'est la femme la plus belle et la plus extraordinaire.*

*C'est ma copine !*

*Je t'aime, tu me manques.*

*Ta Nini…*

Annie GIRARDOT, comédienne.

*Elle a décidé de mettre un terme à sa carrière en pleine gloire, démontrant ainsi son goût pour la liberté, en se consacrant avec passion et courage à une vie sans concession pour ceux qu'elle appelle « ses amis ».*

*Bravo Brigitte !*

Hugues AUFRAY, chanteur.


*Comment pouvons-nous trahir les animaux, les abandonner ou, pire les faire souffrir ?*

*Par son action et sa sensibilité, Brigitte Bardot encourage la société à se comporter un peu plus dignement.*

*À respecter la Vie. À se respecter !*

Rika ZARAÏ, chanteuse.


*Chère Brigitte,*

*Tu as consacré ta vie, avec ce que cela comporte de sacrifices et de combats, à la protection des animaux.*

*Grâce à toi, des millions de gens, en France et dans le monde, ont découvert ce que l'homme était capable de faire endurer à des êtres vivants, sans défense, pour des raisons mercantiles, mais aussi pour assouvir ses instincts les plus bas.*

*Je veux te remercier, au nom de tous ces anonymes qui t'aiment pour ça, et pour qui tu as toujours été un modèle de courage, de bonté et de générosité.*

*Je t'embrasse tendrement.*

Michel DRUCKER, producteur et animateur.


*Chez toi, la révolte l'emporte sur la résignation.*

*Et peu importe la bienséance dès lors que la souffrance est en question ! La violence et le mépris continuent de s'imposer avec cynisme à l'égard du monde animal mais tu as tracé le chemin vers l'élémentaire considération qu'on lui doit.*

*C'est l'essentiel !*

Allain BOUGRAIN-DUBOURG, producteur et animateur.

*Je vous respecte et je vous admire...*
*Bien à vous et de tout cœur.*

Nicole CALFAN, comédienne et écrivain.

*Que l'on ne s'y trompe pas, à travers les animaux ce sont les humains que Brigitte défend. Elle a compris que Dieu a tellement uni la cause des humains à celle des animaux et à celle de la nature qu'il semble que ce soient trois choses inséparables : qui abandonne un animal sur une route est capable de se délester de ses géniteurs, qui martyrise une bête fera de même avec les êtres humains, qui pollue, empoisonne la Terre.*
*Brigitte Bardot, c'est la France à mes yeux !*
*Comme la France, je l'aime à la folie !*
*Je défendrai l'une autant que l'autre jusqu'à ma mort.*

Henri TISOT, comédien et écrivain.

*Cette immense star est un être humain avec un cœur généreux : elle consacre sa vie aux plus faibles. Elle se bat sans limites depuis trente ans pour dénoncer les atrocités de la fin de vie des animaux, pour améliorer leurs conditions.*
*Chapeau Madame Bardot !*

Mireille MATHIEU, chanteuse.

*Je reste admiratif de son combat pour les animaux.*

Bernard MONTIEL, animateur.

*De Brigitte, j'ai aimé la beauté éblouissante.*
*Ce que j'aime en Brigitte aujourd'hui, c'est son amour pour les animaux et surtout sa détermination à les défendre comme une... lionne.*
*Elle a toute mon affectueuse amitié.*

Annie CORDY, chanteuse et comédienne.

*J'aime Brigitte Bardot.*

*Elle vit dans une ménagerie en délire et elle s'étonne après que les beaux garçons qui voudraient dormir avec elle s'enfuient les uns après les autres, la laissant seule...*

Pascal Sevran, producteur et écrivain.

*Brigitte n'a jamais eu à me convaincre [...].*

*Je l'étais dès le début. Je n'ai jamais toléré que sur un film auquel je participais la moindre bête fût maltraitée. Chaque matin, en nous rendant sur nos lieux de tournage, nous nous arrêtions pour déposer des casseroles de pâtée pour les chiens errants [...].*

*Brigitte n'a jamais rien fait ni pour l'argent ni pour la gloriole ni pour briller. Elle est tout instinct, naturelle et franche en diable. Il y a chez elle un côté animal, tendre et attachant.*

*Je l'aime énormément.*

Michèle Mercier, comédienne.

*Aujourd'hui, Brigitte Bardot consacre sa vie aux animaux.*

*Elle est excessive ? Certainement. Son combat est sincère, passionné, un peu outrancier parfois, mais elle doit faire face à toutes sortes de gens (viandards, transporteurs d'animaux véreux, vivisecteurs...) qui ne sont pas l'expression la plus raffinée du genre humain.*

*Pour sa carrière et pour sa croisade animalière, elle mérite le respect.*

Michel Serrault, comédien.

*Brigitte, c'est quelqu'un que j'aime profondément. C'est quelqu'un que je respecte énormément, et que j'ai toujours admiré. J'aime Brigitte depuis toujours. [...]*

*Brigitte a été, est et restera encore pour de nombreuses années, après sa mort même, pendant des décennies, l'image de la France dans le monde. Ce qu'elle est depuis 50 ans. Et ça c'est phénoménal ! Moi, je me souviens avoir voyagé dans le monde entier où l'on disait qu'il y avait Bardot et le Général de Gaulle.*

Alain Delon, acteur.

272

*Avec Rika Zaraï, Mylène Demongeot et Allain Bougrain-Dubourg.*

*Décembre 2001 – Sur le podium du Noël des animaux. Entourée de Bernard Montiel, Alain, Mylène et Patrick Dupond.*

*28 septembre 2004 – Saint-Tropez. J'ai fêté mes 70 ans au restaurant L'Esquinade avec quelques amis. Mais le cœur n'y était pas car, la veille, j'avais appris le décès de Françoise Sagan. Le tendre baiser de mon mari, Bernard d'Ormale, m'avait réconfortée.*

7 juin 1994 – Théâtre de l'Empire. Jacques Chirac me remet officiellement la Grande Médaille de vermeil de la Ville de Paris à l'occasion de
l'ouverture du 9ᵉ Festival du film de Paris.

17 novembre 1994 à la
Fondation. Remise d'un
prix par la représentante
de l'association « Love
of life ».

27 septembre 1995. Quel beau cadeau
d'anniversaire, ce prix remis par le
maire de Rome !

# Les prix, médailles et distinctions reçus par Brigitte Bardot

**Médaille de la Ville de Trieste** remise le 5 octobre 1980 à Trieste (Italie) par l'association Ente Nazionale Protezione Animali.

**Médaille de la Ville de Lille** remise le 13 avril 1985 par M. Pierre Mauroy, maire de Lille.

**Légion d'honneur** (avril 1985), rang de chevalier dans l'ordre national.

**Prix « Global 500 »** remis le 5 juin 1992 à Rio (Brésil) – (prix du programme des Nations-Unies pour l'Environnement).

**Baleine en cristal de Baccarat** décernée le 9 mai 1994 par la direction de l'Hôtel Concorde Saint-Lazare, à Paris, pour huit années de combat avec sa Fondation.

**Grande Médaille de vermeil de la Ville de Paris** remise le 7 juin 1994 au Théâtre de l'Empire par M. Jacques Chirac, maire de Paris.

**« Love of animals Award 1994 »** (Espagne) remis le 17 novembre 1994 à Paris par le magazine *Hola !* et la Fondation Love of life pour avoir contribué à développer ce sentiment généreux et naturel : l'amour des animaux.

**Grande Médaille d'argent de la Ville de Saint-Tropez** remise en juillet 1995 par M. Jean-Michel Couve, maire de Saint-Tropez, à l'occasion du centenaire du cinéma français.

**Médaille de la Ville de Rome** remise le 27 septembre 1995 par M. Rutelli, maire de Rome.

**Médaille de la Ville de La Baule** remise en 1996 par M. Michel Rolland, maire-adjoint de La Baule.

**Prix International 1996 de l'association ANDA** (Association nationale de défense des animaux en Autriche), remis le 11 mai 1996 par M. Gianni Tamino, député européen.

**Prix Paul-Léautaud 1996** remis le 22 octobre 1996 par la société Primagaz pour le premier tome de ses mémoires *Initiales B.B.* Ce prix récompense une œuvre littéraire répondant aux onze commandements extraits des ouvrages de Paul Léautaud.

**Prix Chianciano 1996** (Autriche) pour le premier tome de ses mémoires *Initiales B.B.*

**Prix de l'Écologie 1997** remis par le Club de l'Unesco du Dodécanèse (Grèce) le 10 juillet 1997 pour son combat contre la souffrance animale dans le monde.

**Médaille de la Ville d'Athènes** remise le 11 juillet 1997 par M. Avramopoulos, maire d'Athènes.

**PETA Humanitarian Award 2001** remis le 8 septembre 2001 au Waldorf-Astoria Hotel à New York, États-Unis.

**Prix My Way 2002** remis le 25 mai 2002 à Hagenbrunn (Autriche) par le gouverneur de Basse-Autriche pour son action internationale pour le droit des animaux.

**Prix des Intellectuels Indépendants 2003** remis le 25 juin 2003 à l'Hôtel Interallié (Paris) pour son livre *Un cri dans le silence* (Éditions du Rocher, 2003).

\*

\* \*

De nombreux **diplômes** et **médailles d'honneur** d'associations françaises et étrangères (Argentine, Autriche, Brésil, Chili, Espagne, Italie, Venezuela…) récompensent également son action en faveur des animaux.

\*

\* \*

Chaque année, l'association Ark Trust décerne à Hollywood un **Brigitte Bardot International Genesis Award** (créé en janvier 1993) qui récompense le meilleur reportage animalier.

*22 octobre 1996 – Pour mes mémoires Initiales B.B., je reçois le Prix Paul-Léautaud (créé par la société Primagaz) récompensant un écrivain « qui prend dans sa vie la matière de ses écrits ».*

*10 juillet 1997, en Grèce – Je reçois le Prix de l'Écologie !*

*11 juillet 1997 – M. Avramopoulos, maire d'Athènes (Grèce), me remet la médaille de sa ville pour mes vingt-cinq années de combat pour la protection animale.*

*1989 – Avec Roland Coutas et Jean-Louis Remilleux, mes amis et producteurs des émissions S.O.S. Une belle aventure qui n'aurait pas dû s'achever...*

*J'avais retrouvé les plateaux de télévision avec beaucoup d'appréhension, mais pour défendre les animaux, je suis toujours prête à tout !*

# Les émissions S.O.S.
# de la Fondation Brigitte Bardot

Ces émissions « chocs », diffusées sur TF1, ont été produites par Jean-Louis Remilleux et Roland Coutas.

*S.O.S. éléphants* (19 mai 1989)

*S.O.S. expérimentation animale* (23 juin 1989)

*S.O.S. la chasse* (30 octobre 1989)

*S.O.S. animaux de boucherie* (3 janvier 1990)

*S.O.S. trafic d'animaux* (9 mai 1990)

*S.O.S. mammifères marins* (27 juin 1990)

*S.O.S. combats d'animaux* (17 octobre 1990)

*S.O.S. animaux à fourrure* (5 décembre 1990)

*S.O.S. chevaux* (1er avril 1991)

*S.O.S. chiens et chats* (17 juin 1991)

*S.O.S. grands singes* (1er novembre 1991)

*S.O.S. trois ans déjà...* (22 juin 1992)

*4 octobre 1996 – À l'occasion de la sortie de mes mémoires,*
Initiales B.B., *Bernard Pivot m'avait fait l'honneur de me recevoir*
*en invitée « unique » sur son plateau de* Bouillon de culture *(France 2).*
*J'avais eu un trac épouvantable...*

*20 octobre 1999 à l'Hôtel Byblos – J'avais accepté de participer à*
*l'émission de Guillaume Durand* En direct ce soir, *à condition qu'il*
*vienne à Saint-Tropez ! Et mon souhait fut exaucé...*

*24 février 1994 – Inauguration des nouveaux bureaux de ma Fondation (45,*
*rue Vineuse, Paris XVIᵉ) avec Pierre Rousselet-Blanc et Allain Bougrain-*
*Dubourg, alors administrateurs de ma Fondation. Pierre m'invitait très*
*souvent dans son émission* Le Jardin des Bêtes.

# Les principales émissions télévisées
## de Brigitte Bardot

**Bonne année Brigitte** – 31 décembre 1961 – Show télévisé réalisé par François Chatel.

**Cinq colonnes à la Une** – 9 janvier 1962 – proposé par Pierre Lazareff, Pierre Desgraupes, Pierre Dumayet et Igor Barrère.

**À vos souhaits Brigitte !** – 1er janvier 1963 – Show télévisé réalisé par François Chatel.

**Show Brigitte Bardot** – 1er janvier 1968 – Show télévisé réalisé par François Reichenbach et Eddy Matalon.

**Sacha Show** – 1er novembre 1967 – Brigitte interprète *La Bise aux hippies* avec Serge Gainsbourg et Sacha Distel.

**Top à… Sacha Distel** – 12 mai 1973 – Brigitte interprète *Tu es le soleil de ma vie* en duo avec Sacha Distel.

**Actuel 2** – A2 – avril 1973 – débat animé par René Barjavel, Lucien Bodard, François Nourissier et Claude Sarraute – présenté par Jean-Pierre Elkabbach.

**Le Noël des animaux** – A2 – 25 décembre 1973 – proposé par François de La Grange.

**Aujourd'hui Madame** – A2 – novembre 1974 – à l'occasion de son 40e anniversaire.

**Au pied du mur : « Les zoos »** – A2 – 24 février 1975 – présenté par Jean Nainchrick (émission initialement programmée le 6 février).

**Les Dossiers de l'écran : « Les animaux ont aussi des droits »** – A2 – 1er janvier 1980 – présenté par Alain Jérôme.

**Journal télévisé** – A2 – mars 1981 – présenté par Pierrette Brès à propos des chevaux d'abattoirs.

**Terre des bêtes** – A2 – 10 février 1982 – présenté par Allain Bougrain-Dubourg en direct du refuge SPA de Gennevilliers.

**Telle quelle** – A2 – documentaire réalisé par Allain Bougrain-Dubourg retraçant la vie de Brigitte Bardot – diffusé en 3 épisodes : 19 et 26 décembre 1982, 2 janvier 1983.

**Terre des bêtes** – A2 – 22 juin 1983 – présenté par Allain Bougrain-Dubourg et Brigitte Bardot.

**Terre des bêtes** – A2 – 29 septembre 1984 – présenté par Allain Bougrain-Dubourg (enregistré à La Madrague à l'occasion du 50ᵉ anniversaire de Brigitte).

**Entre chien et loup** – A2 – 3 octobre 1987 – animé par Allain Bougrain-Dubourg en direct du refuge SPA de Gennevilliers.

**Destins : « Brigitte Bardot »** – TF1 – 2 décembre 1987 – présenté par Frédéric Mitterrand.

**Les uns et les autres** – TF1 – 16 juin 1988 – présenté par Patrick Sabatier en direct de La Madrague.

**Animalia** – A2 – 6 octobre 1990 – entretien avec Allain Bougrain-Dubourg dans l'appartement parisien de Brigitte.

**Matin Bonheur : « Ève raconte Brigitte Bardot »** – A2 – émission en 6 volets (du 18 au 22 mai 1992) présentée par Ève Ruggieri.

**Spécial Brigitte Bardot : « La chasse et les chasseurs »** – France 3 – 25 octobre 1992 – débat animé par Éric Cachart.

**B.B. en chansons** – France 2 – 28 décembre 1992 – produit par Jean-Louis Remilleux et Roland Coutas.

**Sacrée Soirée** – TF1 – 26 janvier 1994 – animé par Jean-Pierre Foucault (enregistré dans l'appartement parisien de Brigitte).

**La Nuit Bardot** – Canal+ – septembre 1994 – *Les Années Bardot* (documentaire de Patrick Jeudi) suivi de 4 films – à l'occasion du 60ᵉ anniversaire de Brigitte.

**Journée mondiale des animaux** – TF1 – 1ᵉʳ octobre 1994 – animé par Bernard Montiel en direct du refuge SPA de Gennevilliers.

**Journal télévisé de 20 heures** – France 2 – 16 février 1995 – Les abattoirs.

**L'ABC « Brigitte Bardot »** – La Cinquième – 23 février 1996.

**Sacrée Brigitte** – TF1 – 28 septembre 1996 – animé par Jean-Pierre Foucault à l'occasion de la sortie du premier tome des mémoires *Initiales B.B.*

**Bouillon de culture** – France 2 – 4 octobre 1996 – entretien avec Bernard Pivot pour la sortie d'*Initiales B.B.*

**Célébrités** – TF1 – 2 décembre 1997 – Brigitte présente La Mare Auzou.

**Célébrités** – TF1 – 2 mars 1998 – voyage en Roumanie.

**Brigitte Bardot… Bardot** – Arte – 14 juin 1998 – Soirée hommage avec un film, un documentaire, *B.B. en chansons* ; et un autre documentaire, *Et B.B. créa la femme*, d'Ursula Gauthier et Michaëla Watteaux.

**En direct ce soir** – TF1 – 20 octobre 1999 – présenté par Valérie Benaïm et Guillaume Durand (enregistré à l'Hôtel Byblos de Saint-Tropez).

**Célébrités** – TF1 – 23 novembre 1999 – présenté par Carole Rousseau, Benjamin Castaldi et Stéphane Bern à l'occasion du 65ᵉ anniversaire de Brigitte.

**De quoi je me mêle** – Arte – 9 décembre 1999 – débat animé par Daniel Leconte avec la participation du théologien Eugen Drewermann – enregistré à la Cité des sciences de La Villette.

**La vie d'ici** – France 3 – 15 décembre 2001 – débat animé par Éric Brunet en direct de l'Espace Auteuil lors du Noël des Animaux.

**Les refrains de la mémoire : « Brigitte Bardot »** – La Cinquième – 24 novembre 2002 – proposé par Jacques Pessis.

**On ne peut pas plaire à tout le monde** – France 3 – 19 mai 2003 – présenté par Marc-Olivier Fogiel.

**La vie d'ici** – France 3 – 13 décembre 2003 et 10 décembre 2005 – débat animé par Éric Brunet en direct de Levallois-Perret lors du Noël des Animaux.

**Le Droit de savoir : « Une star à la barre »** – TF1 – 9 mars 2004 – présenté par Charles Villeneuve.

**Des chiens pas comme les autres** – TMC – 26 décembre 2004 – interview par Bernard Montiel (enregistré à Levallois-Perret lors du Noël des Animaux).

**Vivement dimanche** – France 2 – 26 décembre 2004 – animé par Michel Drucker.

# La Mare Auzou

*« Le chemin des gamelles » qui épate tous les visiteurs. Chaque chien en liberté possède « sa » propre gamelle.*

*Les chats disposent de nombreuses aires dehors et à l'intérieur où ils peuvent aller en toute tranquillité.*

*Les étables ont été créées pour accueillir des animaux rescapés des abattoirs ou maltraités. Nos vieux animaux vivent heureux et entourés de protection et d'amour.*

*Nos chevaux viennent souvent de centres équestres ou sauvés des abattoirs, et certains ont été retirés à des maîtres qui les brutalisaient.*

# Les actions concrètes
## de la Fondation Brigitte Bardot

**FRANCE**

Création (en 1992 – dans l'Eure) d'un domaine de 8 hectares, La Mare Auzou, où sont hébergés plus de 200 chiens, 250 chats mais aussi 25 chevaux, 24 poneys, 21 moutons, 15 bovins, tous sauvés de l'abattoir et non adoptables. Quinze personnes y travaillent à plein temps.

Création d'une structure d'accueil pour les chats et les n.a.c. (nouveaux animaux de compagnie) en région parisienne. Outre les chats, nombreux chinchillas, lapins nains, cochons d'Inde… y sont recueillis.

Campagne de stérilisation des chats errants. Depuis une quinzaine d'années, la Fondation finance, en accord avec les municipalités, la stérilisation des chats errants avec remise sur le terrain des chats opérés et suivi assuré par des protecteurs locaux (7 000 chats stérilisés chaque année par la Fondation Brigitte Bardot en France).

Aide apportée aux refuges en difficulté : prise en charge de soins vétérinaires, réaménagement des structures d'accueil, etc.

Centre de sauvegarde de la faune sauvage : la Fondation Brigitte Bardot finance de nombreux aménagements (volières, bassins de soins, infirmerie…) pour soigner les animaux sauvages trouvés blessés. D'importants budgets d'aide ont également été consacrés aux soins des oiseaux mazoutés.

**EUROPE**

*Bulgarie*
Création du plus grand sanctuaire européen pour la préservation des ours. Saisie et mise en « retraite » des ours dansants,

entretien des animaux (alimentation, soins vétérinaires) et du parc (aménagement du terrain, équipement de surveillance, etc.), prise en charge du personnel soignant et de garde (plus gros budget d'aide de la Fondation Brigitte Bardot).

Intervention de notre clinique mobile dans plusieurs villes bulgares pour une campagne de stérilisation des chiens errants.

### Roumanie

Prise en charge d'un important refuge de 1 000 chiens à Brasov (alimentation des animaux, aide financière pour la gestion du refuge).

Aide alimentaire apportée à de nombreux refuges roumains (165 tonnes de croquettes/an).

### Serbie

Construction du premier refuge serbe. Accueil de 350 chiens, prise en charge de l'alimentation et des soins vétérinaires apportés aux animaux (achat de véhicule, niches...).

Intervention de notre clinique mobile à Belgrade pour une campagne de stérilisation des chiens errants.

## AMÉRIQUE

### Canada

Nombreuses interventions contre le massacre des phoques au Canada (pétitions, manifestations, conférence de presse...).

Aide apportée à un centre de soins qui recueille des phoques blessés (prise en charge de l'alimentation des animaux soignés).

### Chili

Financement d'une clinique vétérinaire dans un centre de réhabilitation d'animaux sauvages.

*Afrique du Sud*
Prise en charge de l'alimentation de lions, d'hippopotames, de kudus (antilope), victimes de braconnage, et recueillis au sanctuaire pour animaux sauvages « Sanwild » dirigé par Louise Joubert.

*Cameroun*
Depuis 2003, prise en charge de l'ensemble des frais alimentaires des primates (gorilles, chimpanzés, mandrills, etc.), pensionnaires du sanctuaire « Limbe », victimes du braconnage, du trafic de viande de brousse ou encore des marchés locaux où les petits sont vendus en tant que jouets.
Enrichissement du milieu et financement de l'installation.

*Congo*
Programme de sauvetage et réintroduction de chimpanzés.
Soutien à Help Congo : alimentation des chimpanzés, financement de colliers émetteurs et de véhicules pour le relâcher et le suivi des animaux (bateau, 4 x 4).
Sanctuaire de bonobos : alimentation des animaux, enrichissement du milieu.

*Sénégal*
Réintroduction de gazelles oryx (provenant du zoo de Vincennes) dans une réserve naturelle et don en équipements divers (matériel de campement, 4 x 4…) pour les équipes de lutte antibraconnage.
Sauvetage de deux panthères et financement de leur enclos aménagé.

*Tunisie*
Prise en charge du fonctionnement d'un hôpital pour équidés à Sidi Bouzid (financement des soins aux animaux, salaires des infirmiers, etc.).

### Chine

Protection des gibbons d'Hainan : fourniture d'équipements pour les gardes de la réserve Bawangling (matériel de communication, télescope…) et construction de plates-formes (installées à 20 mètres d'altitude) pour l'observation des gibbons.

Nombreuses interventions pour mettre un terme à l'exploitation des ours emprisonnés dans des fermes d'élevage (petites cages) pour prélever leur bile utilisée dans la médecine chinoise.

Campagne pour mettre un terme à l'abattage de chiens et de chats pour le marché de la fourrure (la France a fermé ses frontières et l'Union européenne devrait suivre).

### Inde

Nombreuses campagnes de stérilisation et suivi vétérinaire des chiens errants : Bodh Gaya, Sikkim…

### Indonésie

Aide apportée à l'association Kalaweit qui œuvre pour la protection des gibbons : vaccination des animaux, financement de clôtures de protection, box d'acclimatation, volières, pompes à eau, générateur…

### Népal

Création d'un sanctuaire (achat de terrain), rattaché à un temple tibétain, destiné à recueillir des animaux maltraités (animaux de rente notamment).

### Thaïlande

Prise en charge de l'alimentation, de l'équipement médical, pour le premier hôpital pour éléphants du monde.

*Australie*
Aide financière apportée à un hôpital pour koalas (prise en charge intégrale des soins vétérinaires et alimentation des koalas recueillis au sein de l'hôpital).

*
* *

## MOYENS D'INFORMATION

Nombreuses campagnes de communication (affichage, insertion presse) : contre la fourrure, les cirques, les abandons, etc.

Des tracts d'information et des pétitions sont également disponibles pour le public.

Un site Internet qui dénonce et qui informe les internautes, de plus en plus nombreux, des actions au quotidien de la Fondation.

### *L'INFO-JOURNAL*
Créé en avril 1992, ce magazine trimestriel relate les principales actions de la Fondation en traitant des thèmes d'actualité et propose des rubriques récurrentes telles le juridique, les adoptions, la boutique, etc. Un lien indispensable entre la Fondation et ses adhérents. Tirage : 40 000 exemplaires.

### *L'INFO-JOURNAL JUNIOR*
Supplément gratuit de *L'Info-Journal*, créé en 2005.
Permet aux jeunes lecteurs de découvrir la vie animale tout en s'amusant.

*23 juin 1996 – La Fondation participe à une « Marche pour les animaux » devant la Maison-Blanche. Toutes les plus grandes associations étaient présentes.*

*Thaïlande. La Fondation aide financièrement au fonctionnement du premier hôpital pour les éléphants au monde.*

*Sidi Bouzid, en Tunisie. Ce cheval est soigné dans un hôpital pour équidés dont la Fondation assume toutes les dépenses.*

# Les grands combats
# de la Fondation Brigitte Bardot

La Fondation Brigitte Bardot agit au quotidien auprès des institutions nationales, européennes, des médias, pour que des mesures soient prises en faveur d'une amélioration du bien-être animal.

Voici les demandes qu'elle formule sur les dossiers ci-après :

### ANIMAUX DE COMPAGNIE

Réglementation plus stricte sur le commerce des animaux de compagnie (interdiction d'importer des chiots de moins de 3 mois, de vendre des animaux dans les grandes surfaces, quotas de reproduction chez les éleveurs, etc.).

Mise en place d'une Campagne nationale de stérilisation des chiens et des chats (réduction du prix de la stérilisation par une prise en charge, partielle, du coût par la Fondation).

Interdiction de vendre des animaux entre particuliers par petites annonces.

Aide aux refuges existants et campagne contre l'abandon des animaux de compagnie.

### ANIMAUX EXOTIQUES

Interdiction du commerce des animaux exotiques.

### ANIMAUX DE BOUCHERIE

Limitation de la durée des transports à 8 heures maximum. Au-delà, uniquement transport des carcasses par camions frigorifiques et non plus d'animaux vivants.

Encouragement de l'élevage extensif (parcours extérieur) et interdiction, à terme, de l'élevage intensif.

Interdiction immédiate des différentes formes de mutilation infligée aux animaux dans les élevages (castrations à vif, coupe de la queue, meulage des dents…).

## ANIMAUX SAUVAGES

Interdiction d'utiliser des animaux sauvages dans les cirques ou tout autre spectacle public (montreur d'ours).

Interdiction de détention d'animaux sauvages chez les particuliers.

Norme plus stricte dans les zoos avec prise en compte des besoins physiologiques des espèces présentées (tous les parcs devront pouvoir justifier d'un programme de réintroduction des espèces présentées au public).

Renforcement significatif de la protection de la faune sauvage, particulièrement des grands prédateurs (ours, loups, lynx) qui doivent faire l'objet de mesures de préservation en France.

## FOURRURE

Interdiction d'importer et de commercialiser les peaux de chien et de chat (la France à répondu favorablement à la demande de la Fondation, qui travaille maintenant à interdire ce commerce au sein de l'Union européenne).

Sensibilisation du public afin de ne pas encourager ce commerce qui sacrifie, chaque année, plus de 40 millions d'animaux.

## CHASSE

Interdiction de la chasse à courre (la Fondation est à l'origine d'une proposition de loi déposée à l'Assemblée nationale).

Réduction de la période de chasse et respect des directives européennes sur les oiseaux migrateurs.

## COMBATS D'ANIMAUX

Changement de la réglementation afin de ne plus considérer les combats d'animaux comme faisant exception aux actes de cruauté. Les corridas et combats de coqs doivent faire l'objet d'une condamnation équivalant à n'importe quelle autre maltraitance entraînant la mort d'un animal (acte passible, en France, de deux ans d'emprisonnement et 30 000 euros d'amende).

### EXPÉRIMENTATION ANIMALE

Développement des méthodes de substitution (culture de cellules, de tissus) afin d'arrêter les expérimentations sur les animaux.

### CHASSE AUX PHOQUES

Interdiction de massacrer les phoques notamment au Canada, en Russie et en Norvège.

### CHEVAL

Incitation à ne plus manger de viande de cheval.

### ABATTAGES RITUELS

Imposition de l'étourdissement préalable des animaux avant tout abattage (la Fondation Brigitte Bardot a reçu l'accord des autorités musulmanes sur ce principe).

*Les animaux ne sont pas des clowns !*

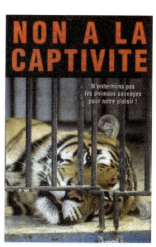

## Au nom de tous les miens

Alba - † Amélie - † Barbara - † Barbichue - † Bijoufix - † Bonheur - † Charlot - † Charly - Chirko - † Citronnelle - † Clown - † Cosette - † Diane - † Dolly - † Domina - † Douce - † Follette - † Gold - † Gringo - † Guapa - † Hippie - Hoedic - † Jimmy - † Kapy - † Kibis - † Kiwi - † Klaxon - † Kron - † Lady - Loupiotte - † Malika - † Matcho - † Mienne - Morgane - † Mouche - † Moulin - † Nini - Olga - † Ophélie - † Patapon - Paraffine - † Pichnou - † Princesse - † Prosper - † Rantanplan - Roudoudou - † Siouda - † Tania - Tootsie - † Toutou - † Vélo - † Vénus - † Voyou - † Wendy - † Zazou

Brigitte Bardot a souhaité rendre un hommage à tous les chiens et chiennes qui ont partagés (ou partagent encore) sa vie.

Tous les animaux disparus sont enterrés dans de petits cimetières à l'intérieur de chacune des propriétés de Brigitte qui espère obtenir l'autorisation de reposer, pour l'éternité, auprès d'eux à La Madrague.

\*

## Merci à tous !

Matthieu Avrain - Catherine Aygalinc - François Bagnaud - Jean-Paul Bertrand - Didier Boquillon - Ghyslaine Calmels-Bock - Danielle Charpentier - Dominique Choulant - Marie-Claude Collobert - Alicia Dermy - Pascal Galodé - Frank Guillou - Daniel Guinot - Isabelle Hu - Franck Jimenez - François-Xavier Kélidjian - Nathalie Kovacevic - Stéphanie Libérati - Christophe Marie - Cédric Naimi - Stéphanie Nougarède - Bernard d'Ormale - Pierre-Guillaume de Roux - Marie-Laure Sers - Vincent Wackenheim.

reconnue d'utilité publique par décret du 21 février 1992
## 28, rue Vineuse - 75116 Paris
Tél. : 01 45 05 14 60 - Fax : 01 45 05 14 80
www.fondationbrigittebardot.fr

60 000 donateurs répartis dans plus de 60 pays
400 inspecteurs délégués bénévoles
40 employés

\*

L'intégralité des droits d'auteur
de Brigitte Bardot
sera reversée à sa Fondation.

\*

# Copyright des photos

Gérard Schachmès : p. 6, 8, 24b, 27b, 32b, 43b, 48, 57c, 57b, 68h, 68b, 91b, 112h, 144c, 156b, 169h, 169c, 190h, 192h, 205h, 216b, 223b, 228bd, 252, 253, 266c, 266b, 273c, 273b, 278, 280

AFP : p. 135h
Agence Angeli : p. 53b
Gérard Bedeau/ France 3 : p. 201
Miroslav Brozeck/Corbis/Sygma : p. 16h, 16c
Jean-Claude Deutsch/ Paris-Match : p. 150
Coll. FBB et BB/DR : p. 4, 10h, 10c, 16b, 24hd, 35, 36, 39, 44h, 58bg, 60hg, 71, 80h, 84, 88c, 91h, 92h, 92b, 105h, 106, 116h, 124, 127b, 128b, 136hg, 139b, 140h, 146hg, 146b, 155, 159h, 160b, 162, 165, 170c, 174c, 174b, 176, 180h, 180b, 184b, 186c, 186h, 194b, 198, 202h, 206b, 211, 219b, 220h, 224, 227, 228bg, 228h, 233h, 233c, 234b, 238h, 238b, 244h, 247, 248h, 248c, 264, 274c, 274b, 293
Gamma : p. 108h
Ginies/Sipa : p. 63h
Jacques Héripret : p. 169b
Fabio Muzzi/AP/Sipa : p. 102
Léonard de Raemy : p. 10b, 248b
Reuters/Max PPP : p. 108b
Galen Rowell/Corbis : p. 186b
Rue des Archives : p. 38
Saen : p. 24hg, 134, 140b
JC Servais : p. 76h
Sipa : p. 139h
Jean-Claude Thobois : p. 88h
Pierre Verdy/AFP : p. 68c
Kasia Wandycz/Paris-Match : p. 219h

avec l'aimable autorisation de « Animaux sans péril – Belgique » : p. 46, 76c, 76b, 100h
avec l'aimable autorisation de Jacques Godefroy : p. 42, 54h
avec l'aimable autorisation de la PMAF : p. 60hd, 154
avec l'aimable autorisation de « Stop.gavage.com » / Dominic Hofbauer : p.72h, 174h

## Remerciements

Sauf exceptions, la totalité des photos proviennent des archives de la Fondation Brigitte Bardot et de la collection personnelle de Brigitte Bardot.

L'auteur et les Éditions du Rocher remercient les photographes qui ont autorisé gracieusement la reproduction de leurs photos :
Gérard Schachmès
Frank Guillou
Michel Pourny,
qui depuis de nombreuses années offrent généreusement toutes leurs photos à Brigitte Bardot et à sa Fondation.

Un grand merci également à :
« Animaux sans péril – Belgique » (Jean-Marc Montegnies)
Jacques Godefroy
Jacques Héripret
« Protection Mondiale des Animaux de Ferme » (Nicolas Hunerblaes)
« Stop-Gavage.com » (Sébastien Arsac)
Jean-Claude Thobois
pour avoir offert photos et documents divers.

\*

Collaboration technique

**François Bagnaud**

\*

La vraie bonté de l'homme ne peut se manifester en toute pureté et en toute liberté qu'à l'égard de ceux qui ne représentent aucune force.

Le véritable test moral de l'humanité ce sont ses relations avec ceux qui sont à sa merci : les animaux.

Et c'est ici que s'est produite la plus grande faillite de l'homme, débâcle fondamentale dont toutes les autres découlent.

MILAN KUNDERA [1].

---

1. Romancier et dissident tchèque né en 1929. Célèbre depuis la parution de son roman : *L'Insoutenable Légèreté de l'être* (1984). Il a obtenu la nationalité française en 1981.